A Cidade das Flores

Título:
A Cidade das Flores

Autor:
Augusto Abelaira

Revisão:
Ariadne Nunes

Paginação:
Aresta Criativa – Artes Gráficas

Capa:
Susana Villar

Foto da badana de capa:
© Marcos Borga / Lusa

Biblioteca Nacional de Portugal – Catalogação na Publicação

ABELAIRA, Augusto, 1926-2003

A cidade das flores
ISBN 978-989-9124-50-9

CDU 821.134.3-31"19"

Depósito Legal n.º ??????

Impressão e acabamento:
??????
para
Minotauro
novembro de 2022

MINOTAURO, uma chancela de Edições Almedina, S.A.
Avenida Emídio Navarro, 81, 3D
3000-151 Coimbra – Portugal

AUGUSTO ABELAIRA

A Cidade das Flores

OBRAS COMPLETAS

À Suzy

PRIMEIRA PARTE

PRIMEIRO QUADRO

Sentado, as pernas cruzadas, uma das mãos no bolso e a outra a brincar com o lápis, Giovanni Fazio observa os passos, para diante e para trás, dum casal de ingleses. Ele — chamar-te-ás John, decidiu — recuara dois ou três metros, e ela — Mary — dirigia-se devagar para os degraus do palácio, sob o olhar indiferente da estátua de David. Encostou-se ao pedestal, tirou o lenço da cabeça e olha para o marido. Este baixa-se um pouco, aponta demoradamente a máquina e dispara por fim.

Mary virara-se outra vez de costas e Giovanni quis adivinhar-lhe a direcção dos olhos, acompanhá-los depois no voo extasiado que terminava na torre do Palazzo Vecchio. Mas o marido gritara qualquer coisa interrogativa, ela deu meia-volta e viu John, que agitava um braço e abria e fechava a boca. Dizendo o quê? E Mary aproxima-se novamente de David, regressando o marido à posição anterior, a máquina preparada. «Talvez o primeiro retrato fique melhor do que o segundo», murmura Giovanni, como se fosse ele o fotógrafo.

Depois as situações inverteram-se: o marido posou então para a imortalidade. «Em Florença» — dirá aos amigos, de regresso a Londres, e indicando a fotografia. «Ah!» — exclamarão eles, amavelmente.

Porquê? Porquê? O desejo insensato de falar com aqueles desconhecidos. Desconhecidos e talvez ridículos, assim, a tirar fotografias! E enquanto bebe o café escaldante, continua a persegui-los com o olhar.

«Foi aqui que queimaram Savonarola» — estará John a dizer. E pensa: «Estas foram as últimas imagens do Savonarola quando o fumo já subia e o ar quente ondulava as casas.»

Fazio deixou um livro em cima da mesa, a marcar o lugar, aproxima-se deles. Não que tenha a intenção de conversar (o seu pouco domínio do inglês paralisa-o), desejava apenas que o vissem. Porquê? A princípio não percebeu. Queria que eles o vissem, queria sentir-se visto, observado.

Mary e John estavam agora na Loggia dei Lanzi, haviam-se sentado a descansar. Ela não era bonita, a boca parecia rasgada. E ele: demasiado magro, demasiado alto, demasiado branco.

Giovanni aproximou-se, tossiu propositadamente para lhes atrair a atenção e deu-se o milagre: Mary e John descobriram-no. E Giovanni compreendeu: era o desejo de sentir uns olhos habituados à liberdade poisarem no seu corpo de escravo. Como se as pupilas que todos os dias o viam o esmagassem: pupilas de escravos, pupilas de homens que temiam dizer o que pensavam — homens mutilados. Mas aqueles olhos frescos e espontâneos e azuis...

Desviou com desagrado a vista do *Rapto das Sabinas* e lentamente desceu as escadas, procurando no chão o movimento veloz da sombra de uma nuvem. Estranha coisa: levantara-se cedo sem sombra de uma nuvem no espírito e, enquanto fazia horas para o encontro com Domenico, fora até à margem do rio, ficou muito tempo a ver dois miúdos a pescar.

Sente o coração apertado; foram aqueles ingleses que lho apertaram. Eles, que tudo ignoram, eles, que comiam laranjas, silenciosamente.

De novo sentado em frente do livro aberto, cruza as pernas, mete no bolso uma das mãos e pega no lápis com a outra.

— Chegaste há muito tempo? — pergunta Domenico Villani, puxando uma cadeira, recostando-se depois.

Fazio não respondeu. Procurava os fósforos nas algibeiras do casaco e, não os encontrando, desistiu, meteu outra vez o cigarro na cigarreira.

— Que fizeste ontem à noite? — pergunta.

— Nada. Fiquei em casa. Abri um livro, mas acabei por me deitar. E tu?

Fazio desviou os olhos do casaco azul, já coçado, do amigo, folheou sem grande atenção um jornal. As notícias do estrangeiro: Chamberlain dirigindo-se a Mussolini no banquete do Palácio de Veneza: «É um prazer observar esta Itália poderosa e progressiva que surgiu sob a direcção e inspiração de Vossa Excelência», as tropas nacionalistas a setenta quilómetros de Barcelona. As notícias do país: Alguns guerrilheiros mortos na Abissínia, a inauguração dum quartel, um discurso, uma frase: «A igualdade perante a lei é concedida a todos aqueles que ajudem a causa nacional e não recusem a sua colaboração ao Estado.» Não estivesse a frase sublinhada por Domenico, e Giovanni não teria dado por ela.

— Ainda tens paciência para ler estes discursos?

— Ainda — Domenico respondia sempre, mesmo que fosse apenas em aparência, a todas as perguntas. — Divirto-me. E, depois, a ler a notícia da enorme repercussão que tiveram no estrangeiro...

— Como se o estrangeiro estivesse sempre de cócoras à espera das sentenças do nosso grande homem...

— Umas bestas.

— Sim — disse Fazio, tirando distraidamente um cigarro da carteira —, com alguma coisa nos havemos de divertir, agora que perdemos a coragem, agora que nos desinteressámos.

Domenico ficou uns instantes a pensar. Esteve quase a responder, mas fechou a boca às palavras. «Bonita», murmura, segundos depois, a propósito duma rapariga, enquanto Fazio continua a folhear o jornal. «Não tens fósforos», diz, simultaneamente perguntando e respondendo. Os cinemas. Nada que valesse a pena.

— Desinteressados — insistiu, desistindo finalmente da leitura. — Desinteressados... — pausa. — Que idade tens, Domenico? Vinte e seis, não é? Vinte e oito, eu. A metade da vida. E nada fizemos. Também já não temos tempo para nada...

— Nisso, como em tudo o mais, *ele* venceu. Nada fizemos, nada faremos.

— Pois, pois. Nada pensamos fazer. Perdemos a mocidade e agora já nada podemos fazer, estamos terminados... — tem uma hesitação. — Pelo menos é o que penso neste momento.

Perto, o casal de ingleses examinava as mesas, indeciso. Sentar-se-iam? Aproximaram-se, acabaram por mudar de ideias.

Domenico não dava por eles — mesmo que desse por eles, seria como se não desse por eles. Mas Fazio não os perdia de vista. «Tiraram-me a boa disposição», pensava. «Eis-me aqui a tecer considerações cépticas só porque vos vi, só porque vocês vêm de um país onde chove e o nevoeiro entra pelos olhos dentro, pela boca, pelas orelhas.»

Sem querer, tinha os olhos postos no palácio. Um país onde isto não existe. Sim, sem Santa Maria Novella, sem Masaccio, sem sol. «Um país onde eu desejaria ter nascido, ter sido jovem. Um país onde também não teria sido ninguém, mas *apenas* porque não sou ninguém.»

Domenico:

— E o Soldati?

— Estive ontem com ele.

— Tem aparecido pouco nestes últimos tempos.

— Muito trabalho, creio.

Os ingleses desapareciam na direcção de Orsanmichele: Giovanni recordou a boca rasgada, quase agressiva, de Mary, o vestido azul. Trocou os papéis: imaginou-se John, imaginou-se a viajar, imaginou-se livre.

— Às vezes pergunto a mim próprio — começou Domenico — que é que nos mantém assim firmes, assim incorruptíveis...?

Fazio não respondeu.

— Quero dizer — prosseguiu Domenico —, passamos a vida a abdicar de tantas coisas e politicamente ainda não abdicámos da nossa honestidade. Pelo menos directa, activamente, recusamos colaborar com o fascismo, perdendo assim certas vantagens pessoais. Não creio na imortalidade da alma. Sei que estou à espera da morte, da morte completa, absoluta. Porque não me vendo, então, para aproveitar a vida? És capaz de me dizer?

Reparando num homem alto e de bigode que acabara de puxar por uma caixa de fósforos, Fazio levantou-se com um cigarro entre os dedos. «Por favor», disse. «Por quem é!» Regressando ao seu lugar, respondeu:

— Nem sei — falava sacudidamente, pontuando as frases com os nós dos dedos no tampo da mesa. — Porque, afinal, se já não combatemos, se estamos na situação de reforma voluntária, se somos homens sem fibra, homens que desistiram, porque é que resistimos, ou melhor: para homens como nós, que é que significa resistir?

— Há uma coisa que ele ainda não conseguiu tirar-nos, penso: a consciência.

— Erro, Domenico — desviara os olhos. — Se ele não nos tivesse roubado a consciência, estaríamos todos de armas na mão ou na cadeia...

Por fim, encara bem de frente Domenico.

— Se aqui estamos a tomar café e a conversar, é porque não temos consciência. Enganámo-la com meia dúzia de palavras ditas em voz baixa num tom de indignação. E até isso é fácil. Isso, não; isto, esta conversa...

Domenico pegou no jornal, enrolou-o e espreitou através dele como se fosse um óculo. Metido, assim, naquele cilindro, um cão corria de cá para lá e de lá para cá.

— Então porque é que resistimos a colaborar? — pergunta, continuando a perseguir o cão. — Por causa de nós próprios ou do que pensarão os outros? — desfez o óculo, esquece o cão. — Não é espantoso que homens que não crêem na imortalidade se deixem morrer em nome de princípios? — insistiu. Permanece uns momentos a pensar. — Não será o orgulho? Honestos por orgulho, Giovanni.

Refizera o óculo; ignorante, o cão continuava a correr, de um lado para o outro, metido dentro dum cilindro.

SEGUNDO QUADRO

Desceu as escadas com as mãos deslizando vagarosamente pelo corrimão macio. Somente os dedos! — e, no entanto, que bom não seria deixar-se escorregar, toda ela, como se tivesse dez anos! As escadas escuras. A porta e a luz, de repente, nos olhos desabituados. A luz forte da rua num dia de sol.

E o sol na face, nas mãos — que bom! Não que o céu estivesse totalmente azul — havia ali uma nuvem, duas, três nuvens. Uma nuvem maior e escura, uma nuvem mais pequena e clara, roubando-lhe um pedaço. A terceira nuvem era uma nuvem modesta, uma pequena nuvem brilhante e carinhosa. «Bons dias, ó pequenina nuvem, minha irmã e também irmã do gatinho preto!» O gatinho preto, ali parado, ali a olhar para Rosabianca: Rosabianca, os olhos verdes e claros, o cabelo negro, os lábios vermelhos, a face aberta para o mundo. «Bichinho», disse, debruçando-se sobre ele. Mas o gato fugiu e escondeu-se atrás duma porta. Ah, não totalmente escondido! Rosabianca via-lhe as pupilas a brilhar no escuro. Brilhando, brilhando, brilhando.

«Aqui estamos nós», diz, parando no passeio. «Aqui estou eu!»

Aqui estou eu... Atenção, Rosabianca. Acordaste já, verdadeiramente? Todo o teu passado, ao menos o passado que de facto importa, já veio infiltrar-se na tua consciência, já está presente, ou dormes ainda e esqueces que não tens nem dez, nem doze, nem quinze anos?

O automóvel avança sem pressa. Será que vai parar? Parou. A porta da frente abriu-se, a porta de trás também. Da porta da frente saiu um homem; da porta de trás, uma senhora. «Não é bonita, aquela rapariga?», disse a senhora. «Aquela?», perguntou ele. Observou Rosabianca: a camisola vermelha, a curva breve do seio, a limpidez dos olhos verdes. «É», respondeu.

«Sim, tenho dez anos, hoje tenho dez anos e não dezoito. E muitas coisas mais. Sou quem sou: despreocupada, feliz, alguém que gosta de brincar.»

De brincar.

Atenção, Rosabianca. Acordaste, verdadeiramente, acordaste? Trazes uma saia cinzenta. A que vem essa boa disposição? Não sabes que a desgraça deste mundo se opõe a uma felicidade assim, protesta contra esse ar despreocupado e inocente?

Não calçou meias compridas, apenas meias curtas. Que bom! Meias curtas, sapatos rasos, aquela camisola vermelha que te deu o teu pai, e a manhã está no princípio! Oito horas, o sol nasceu, acha-se ali, precisamente ali, nas tuas mãos estendidas. Sorriu e fechou o sol nas mãos. «Estás aqui, não sabes?» Não, não estava. Surgia de todos os lados, não tinha deixado aprisionar-se nas mãos de Rosabianca, descia-lhe às pernas, passava-lhe pelo rosto, estendia-se no pavimento. Serei como tu, ó irmão sol, nunca ficarei presa a ninguém.

Atenção, atenção, Rosabianca! Já te levantaste há mais de meia hora e nem sequer comeste o pequeno-almoço. Lembrou-se: do bolso retira um pão e começa a mastigar. Que bom, comer assim no meio da rua, como quando tinha treze anos! Que bom!

Mas estás a crescer pouco a pouco, os dez anos com que te levantaste, os treze com que desceste as escadas, os quinze com que admiraste o sol morreram.

Dezoito anos, quase dezanove.

Ontem: a prisão de Vianello.

Dezoito anos, quase dezanove.

Preso neste momento, enquanto vais brincando aos treze anos e te distrais a apanhar o sol! Sabes, Rosabianca?

«Sei. Mas será verdadeiramente crime estar aqui a olhar-te, ó sol, meu irmão, só porque Vianello não pode ver-te? Será?

Tenho dezoito anos e não sei exactamente em que pensar. Estou aqui. Dize-me, sol... Não, tu ignoras estas coisas, tu és indiferente. Que te importa que eu goste de alguém ou que Vianello esteja preso?»

O sol respondeu-lhe.

— Que te importa a ti, Rosabianca? Estás realmente a sofrer? Isso não te preocupa neste momento, a tua exaltação de ontem transformou-se em esquecimento, em indiferença (ou quase) por tudo quanto não seja o prazer de caminhar pelas ruas com sapatos rasos, meias curtas, camisola vermelha e esse pequenino amor que está a crescer dentro de ti.

«Sim», pensou Rosabianca. «Eis-me com dezoito anos, a idade suficiente para saber que Vianello está preso e o que isso significa.

Não, não! Enquanto tu estiveres preso, Vianello, serei a tua viúva. Chorarei a tua morte, eu, que não estou apaixonada por ti. E não amarei outro. Mas quando saíres, Vianello, continuarei viúva, porque outros estarão presos e o mundo é uma prisão.»

TERCEIRO QUADRO

Com que impaciência esperara as cinco horas! Mas quando se achou na rua teve uma hesitação: que iria fazer? Ei-lo naquele tão desejado momento em que o trabalho terminou. Que fazer desse tempo, como aproveitá-lo? Por instantes examinou a gente que passava. E decidiu-se: iria ter com Arnolfo Soldati. Claro: não que tivesse alguma coisa a dizer-lhe; ainda ontem estivera com ele, estaria com ele também nessa noite. Mas era um modo de passar o tempo. «Ao menos o amor, a rapariga amada», pensa, «encheria o tempo».

Um grande arquitecto, Soldati? Nem Giovanni Fazio, nem mesmo Soldati viviam nessa ilusão. Mas tirava coisas do nada, tinha o prazer de imaginar, de fazer projectos, de vê-los realizados por fim. Começava por criar uma casa dentro da cabeça e meses depois via-a crescer no espaço.

— Trabalho com o meu pai — diz-lhe Fazio, pegando numa régua —, ajudo-o, faço contas, preencho recibos, calculo orçamentos.

Soldati, embora debruçado sobre o estirador, erguera levemente a cabeça e observava o amigo.

— Então? — perguntou. Giovanni cumprimentara-o muito por alto, iniciara logo aquele desabafo. Trouxera-o dentro da boca, a roer-lhe a garganta.

— Então — responde —, faço por dia dezenas de coisas em que não acredito. Um esforço totalmente inútil. E é injusto, Soldati.

Sentara-se num amplo cadeirão forrado de coiro e estendera as pernas. Sentado? Nem era isso. Deitado, quase deitado.

— Injustiça, percebes? Porque tu não trabalhas mais do que eu. Pensando bem, não é mais difícil fazer o que tu fazes do que fazer o que eu faço, embora tu projectes casas e eu projecte orçamentos. Mas tu és mentalmente recompensado e eu não. Está aí a injustiça. Podes pensar: «Eu crio, faço coisas.» Quanto a mim... Se atravessares a cidade, aqui ou ali poderás gritar: «Eu. Aquilo é meu, fui eu que fiz, existe lá um pedaço de mim mesmo.» Eu não — Arnolfo baixara de novo a cabeça e traçava uma linha com régua e esquadro. — Posso ir ao fundo do universo — continuou Giovanni Fazio — que estarei sempre sozinho no meio das coisas. É injusto.

Soldati afiava um lápis em silêncio.

— É injusto, é injusto — levantou-se e foi até à janela. — Ao menos se me tivesse tornado lavrador! Semeava e via as coisas nascerem e sentia que fora eu que as fizera. Ou professor: veria os alunos, certos alunos transformarem-se sob o fogo das minhas palavras. Mas assim? Precisamos de ver o resultado do nosso esforço. Onde está ele para mim, para a maior parte dos homens que trabalham? — cala-se a observar os movimentos rigorosos de Soldati debruçado sobre o papel. — Porque tu nem sequer és um grande arquitecto, nem precisas de ser... E é isso que eu considero injusto. A injustiça não está apenas em que os diferentes trabalhos humanos são diversamente remunerados. Está nisto: certos trabalhos ficam a existir para toda a vida, ficam ali a recompensar-nos o espírito. Outros desaparecem como fumo, não deixam vestígios.

Esperou uma resposta. E como o outro permanecesse em silêncio, riscando com dureza a brancura do papel:

— Para mim, fazer o que eu faço ou pretender encher o Mediterrâneo com grãos de areia é a mesma coisa, estás a perceber?

Soldati poisa o lápis e ergue os olhos para Fazio.

— E se eu sentir que sou um arquitecto medíocre, serei feliz, poderei concluir que faço alguma coisa?

— Não interessa. O mundo é frio e árido quando não lhe emprestamos um pouco de nós mesmos. Ser homem é criar, e a maior parte de nós nada constrói, embora trabalhe tanto como os criadores e seja até tão necessário ao mundo como eles.

Levantou-se, esborrachou o nariz na vidraça e embaciou-a de propósito. Na rua, lá em baixo, caminhando vagarosamente, Rosabianca. Os cabelos compridos e escuros, os sapatos de meio salto, o vestido azul. Apenas as costas, a ondulação dos ombros, a nudez dos braços.

— Se soubesses como me deixam indiferente as obras que faço, Giovanni! Casas inúteis, vivendas de ricos. Ou prédios para explorar gente... Não. Creio que nunca tive a consciência de criar alguma coisa, a consciência de que estou a modificar o perfil da terra. E depois: que crio eu, eu que sou o eco mais ou menos subserviente de outros arquitectos?

Fazio não o ouvia, interessado em seguir os movimentos de Rosabianca, lá em baixo na rua.

— Às vezes penso — prosseguia Soldati — que com um pouco de esforço podia fazer melhor, queres crer? Mas não faço esse esforço — sentira um arrepio de frio e fora buscar o casaco de lã, que pôs pelas costas, sem vestir. — O Vianello foi preso, sabias? — diz, mudando o tom da voz, mas sem qualquer pausa.

— Quando?

— Ontem.

Um silêncio. E Rosabianca parada em frente de uma montra. Uma montra de livros.

— Por estranho que pareça — diz Giovanni Fazio —, neste momento Vianello é feliz. Ele constrói alguma coisa, possui uma fé... — continuava a brincar com a régua, os olhos colados à vidraça.

— Feliz... Talvez numa cela com um metro quadrado, sem poder sentar-se, sem poder encostar-se... — disse isto e deixou-se cair na cadeira onde anteriormente estivera Fazio. «Como é bom descansar!»

Passara toda a tarde de pé, dobrado, partido em dois, sobre o estirador. Para mais, os sapatos apertavam-lhe, descobriu. E desfez os nós dos atacadores.

— Não, eu não queria estar no lugar dele — responde Giovanni. — Mas Vianello sabe que a sua vida não é inútil, vive sem remorsos. Não é isso, remorsos, um pouco do que nós sofremos, Soldati? A consciência de que há um certo número de coisas que poderíamos realizar. Às vezes, pergunto a mim próprio: que fizeste tu em toda a tua vida, Giovanni? Qual a tua contribuição, por pequena que seja, para a felicidade dos homens? Que é que o mundo te deve?

Ágil, decidida, os braços nus, Rosabianca enfiara pela livraria dentro.

— Adeus — tirou o casaco de trás da porta e veste-o, enquanto desce, o coração a pular-lhe dentro do peito, o receio de já não apanhar Rosabianca. Mas como, se era tudo tão perto? Uma fila de automóveis impedia-lhe a passagem para o outro passeio, mas lá descobriu, por fim, uma aberta. Fingindo um acaso, entrou.

Rosabianca abrira um álbum e reflectia sobre a *Meditação Diante do Corpo de Cristo*, de Angelico.

— Era mais simples ir a São Marcos — ouve ela dizer atrás das costas. E volta-se.

— Não o tinha visto, onde é que estava? — parecia observar-lhe o suor da testa, os cabelos em desalinho.

— Entrei agora mesmo.

Rosabianca vira-se outra vez para o Angelico; não ia a São Marcos havia mais de um ano e essa fora até a única vez que lá entrara.

— No entanto — acrescenta —, gosto do Fra Angelico, sempre gostei das coisas coloridas.

Virou a página. Outra. E mais outra. Mantinham-se ambos em silêncio, e Fazio, sem saber que dizer, pensava se aquele amor por Rosabianca não poderia transformá-lo, dar-lhe a perdida juventude, a fé extraviada, torná-lo outro homem, um homem acabado de nascer.

— Sou uma péssima florentina. Não gosto da nossa pintura; acho-a morta, sem cor. Prefiro Siena — fechando o livro virara-se para Fazio. Os olhos verdes, aquáticos. E aquele sorriso, pleno de confiança, cheio de repouso! — Sabe que Vianello foi preso? — receando o silêncio, como se o silêncio fosse da sua exclusiva responsabilidade. E depois. — Não sei, creio que será preciso fazer qualquer coisa.

Ei-los: o casal de ingleses. John e Mary em frente das estantes, atentos aos livros.

— Já reparou, Rosabianca, que eles são livres? — aponta para os ingleses. Rosabianca olhou: viu-os tímidos, como se desejassem pedir qualquer coisa e não tivessem coragem ou parecesse mal. — A razão por que Vianello foi preso, sabe-se? — disse Giovanni, tirando um cigarro da carteira.

— Não, creio que não — estende uma perna e olha-a sem consciência, mas como se gostasse de vê-la, como se a achasse bonita. — O pai foi lá ontem, mas não lhe deram nenhuma informação.

Mais uns instantes de silêncio embaraçoso. Que dizer? «A culpa do silêncio não é necessariamente tua, Rosabianca.» O casal de estrangeiros dirigia-se, finalmente, a uma das empregadas. Uma mulher vestida de escuro, alta, azeda, incapaz dum sorriso. E Rosabianca continuava a olhar, inconsciente, a perna direita. Como Fazio.

— Conhece Vianello há muito tempo? — perguntou ela. Não era uma pergunta. Servia apenas para fechar o silêncio.

— Há uns dez anos — respondeu Fazio. Circunvagava os olhos pelas estantes, como se procurasse um livro, como se um objectivo preciso o tivesse levado a entrar na loja.

— O Vianello falava muito de si.

— Somos bastante amigos. Só há momentos soube da prisão... — continuava a olhar para as estantes, falsamente atento.

— Procura um livro?

— Não — debruça-se sobre um volume de capa branca, mas sem ler o título ou o nome do autor. — Um livro qualquer. Um livro que se leia. Um livro suficientemente interessante — respirou fundo. Achara um tema. — Não lhe sucede, às vezes, Rosabianca, querer ler um livro e não encontrar nenhum?

Ela matou o assunto. Dissera que não e deveria ter dito que sim.

O desejo de prolongar aqueles momentos, de estar mais tempo com Rosabianca! Mas não sabe que dizer. E a mulher de preto, seca, friamente, atava um embrulho. Na frente dela, Mary. Na caixa, John, estendendo uma nota. E Rosabianca, em silêncio, continuava a folhear o Fra Angelico.

Não, não sabe que dizer.

— Então adeus, Rosabianca. Tive muito gosto em vê-la — e sai como se estivesse cheio de pressa, um peso no coração.

QUARTO QUADRO

Mais coisa, menos coisa, fora isso há dois meses, quando muito há três.

Tinha sido Soldati. Sentira a necessidade absoluta de falar de Flora e telefonou a Giovanni Fazio. Mas só quando já estavam sentados nas escadas que conduzem a San Miniato al Monte e viam a cidade lá em baixo é que Soldati se referiu a Flora. Até aí falaram, aos repelões e sem seguimento, de académicos temas de conversação: política, leituras, outra vez política e outra vez leituras. Fazio percebia que qualquer coisa preocupava o amigo, mas não fez esforço algum para o ajudar. E nem seria fácil. Aquela sua permanente incapacidade de ajudar seja quem for! Como a necessidade que tantas vezes sente de conversar com crianças, mas sem que consiga delas mais do que dois ou três monossílabos!

— Essa gravata é bonita, onde a compraste? — dizia Soldati. Ou então: — Que fizeste ontem à noite? — Também: — Crês que Andrea volte a falar com Domenico?

Decerto. Fora uma discussão sem importância.

— E que te parece? De quem é a culpa?

— Talvez do Domenico.

De outra vez:

— Miguel Ângelo tinha uma predilecção especial por San Miniato.

— San Salvatore. Considerava-a a sua bela camponesa.

Então contou-lhe: gostava de Flora, mas Flora não se chamava assim, Flora era um nome inventado, conhecia-a apenas de vista...

— Não digas...

— É verdade — sublinhava a frase com um gesto quase imperceptível. — Aos vinte e cinco anos deveria ter vergonha, não achas? — um movimento largo. — Não digas a ninguém...

— Mas quando tencionas conhecê-la?

Arnolfo Soldati poisou as mãos nos joelhos antes de se levantar. Decidira-se:

— Mais tarde... Para já, não. Acho graça em amar uma mulher que não conheço e de quem não sei o nome — estava de pé, no mesmo degrau onde se sentava Fazio. E não olhavam um para o outro. «Gosto, não gosto desta cúpula?», interrogava-se Giovanni com os olhos semicerrados, atentos ao Duomo. E não se decidia. Amava, em Brunelleschi, o teórico, muito mais do que o prático.

— Poderias perguntar-me — disse Soldati, observando-o — «porque gostas dela?».

— E tu responderias que não sabes — e assim ficaram uns instantes, até que Soldati desviou os olhos.

— Tens razão: responderia que não sei. Mas tu devias ter perguntado... — Giovanni Fazio não comentou e Soldati foi sentar-se um degrau abaixo. — Talvez o olhar, há qualquer coisa nos olhos dela... — olha para Fazio, um degrau acima. Curioso, pensava; tinha passado o dia, impaciente, à espera daquela confissão, mas agora não compreendia tamanha impaciência. Tinha as pernas ligeiramente afastadas, a cabeça baixa. Contara com outro acolhimento, seria isso?

Giovanni perguntou:

— Mas onde a descobriste? — as pupilas deles cruzam-se demoradamente, com amizade.

— É colega da Silvana. O Vianello conhece-a. E a Sophia também.

Um par de estrangeiros — franceses, sem dúvida nenhuma — subia as escadas, falando em voz alta.

— Gostava de vê-la.

Arnolfo soltou uma gargalhada, não uma gargalhada natural, uma gargalhada feita de propósito.

— Só se a descobrires tu mesmo...

— Mas como?

— Tem olhos verdes, só te revelo isso... — sorriu. — Confia no meu gosto. Pergunta-te: qual a mulher, a única, que Soldati poderia escolher? — continuava a sorrir para que Giovanni sorrisse também. — Essa será Flora — acrescenta, pondo-se de pé.

— É fácil, de facto... — concluiu Fazio, levantando de novo os olhos para Soldati.

— A coisa mais fácil do mundo.

Porquê? No dia seguinte Giovanni passou por acaso em frente da Universidade (havia mais de três anos que lá não entrava) e transpôs aquele velho portão. Para conhecer Flora?

— Se eu acertar quem ela é, dizes-me? — tinha perguntado.

— Digo.

Para conhecer Flora? Sophia conversava com três raparigas, mas Fazio não se inclinou para nenhuma delas. E saiu.

Mas quem era Flora? A certeza de que Flora... Sim, Soldati não podia ter-se enganado. Flora era a bela adormecida.

E procurou-a, vários dias a procurou.

— Continuas a amá-la? — perguntava a Soldati, sempre que o via.

— Nunca deixei de a amar...

— E já a conheces?

— Não, ainda não tive coragem — estava sentado. Fazio de pé.

— O receio de que ela não seja o que pensas?

— Não, não. A certeza absoluta!

Fazio sentara-se, agora tinham ambos os olhos à mesma altura. E a cúpula continuava lá, cinco séculos volvidos.

— Mas preferes gostar dela assim? Para mais, como conheces quem a conhece, não seria difícil...

Falaram de outras coisas. Andrea e Domenico tinham feito as pazes. E os assuntos clássicos:

— Parece-te que sempre é desta vez que rebenta a guerra?

— Seria uma tal loucura!

— Poderia favorecer-nos...

— Sim — diz Giovanni —, incapazes de fazer seja o que for, só uma guerra poderá libertar-nos.

— Nós, que somos pacifistas, nós, que desejamos a guerra...!

E, então, dias depois, Fazio descobriu-a. Não chegara a entrar, ela estava à porta, na companhia de Vianello. E teve a certeza: era Flora.

Mas chamava-se Rosabianca. Um ombro encostado à parede, levemente inclinada, falava ao mesmo tempo que sorria.

Os três (Rosabianca, Leonardo Vianello e Giovanni Fazio) saíram, por fim.

A conversa do costume:

— Será que a Alemanha vai atacar a Polónia?

— Julgo que sim.

— E nós? — disse ela.

Vianello não respondeu logo. Depois:

— Não sei.

Rosabianca, no meio. Eles, um de cada lado.

— Se os aliados ganharem, seremos livres; se não, continuaremos como estamos — acrescentou Fazio, falando por falar.

— Ganharão? — Rosabianca enrugara, interrogativamente, a testa e parecia querer extrair de Giovanni a certeza de que venceriam.

Vianello:

— Discutem uma coisa que ainda não começou.

Uma senhora, em sentido contrário, e Giovanni teve de se afastar para que ela passasse.

— Você deseja a guerra, Vianello? — lembrou-se Rosabianca de perguntar.

— Não sei.

— Às vezes penso nisso; penso que desejo a guerra; mas não é criminoso? — voltava-se outra vez para Fazio.

Foram sentar-se numa esplanada. Rosabianca pedira um cacau, Giovanni uma cerveja, Vianello um café.

— Quando eu era pequeno — disse Fazio, voltando-se para ela —, gostava de futebol e era partidário do Torino. Acontecia que às vezes tinha um exercício escrito, daqueles que são decisivos, e então perguntava-me: se tivesses de escolher, que escolhias: a vitória do Torino e a tua reprovação no fim do ano ou a derrota, mas a passagem...?

Rosabianca inclinou-se para ele: tratava-o cerimoniosamente por Senhor Fazio.

— Se pudesse escolher entre uma guerra que nos libertasse e a paz em que estamos, que é que escolhia?

Calaram-se um instante, dando tempo a que o criado os servisse. Quando, enfim, se afastou, Leonardo Vianello interrompeu-os:

— Para quê essa pergunta? Se pudesse escolher... Mas não pode, a pergunta não tem sentido, Rosabianca...

— Não lhe pergunto a si, mas a...

Giovanni:

— Creio que escolhia a paz — levou a caneca aos lábios. — Mas Vianello tem razão. Para quê pensarmos num problema que nunca poderá pôr-se...?

— Não, não — insistiu Rosabianca, suspendendo o copo no próprio momento em que estendia os lábios. — A pergunta é importante: serve para nos conhecermos melhor, para descobrirmos se sim ou não somos coerentes — sorveu o cacau com viva satisfação e prosseguiu. — Por exemplo, o Senhor Fazio disse que escolhia a paz — encarou-o. — Minto se disser que, no fundo, deseja a guerra, com a condição de ela não ser da sua responsabilidade?

Fazio sorriu.

— Diz bem... — bebeu o resto da cerveja.

— Eis um homem que tem medo de assumir responsabilidades, um homem que embora deseje certas coisas faria outras por vergonha do que deseja...

Vianello sorveu as últimas gotas da chávena.

— Fazio deseja a guerra porque receia a revolução. A guerra libertá-lo-ia, libertar-nos-ia de um encargo. Estamos todos à espera de que uma guerra entre estranhos resolva os nossos problemas. É incrível!

— Sim, é incrível, Vianello, e, seja como for, tu podes falar porque ainda lutas. Mas crês verdadeiramente na eficácia da tua luta?

Vianello encolheu os ombros.

— Creio — e Giovanni não insistiu. Mais tarde, Leonardo respondeu-lhe: «Há bocado não te quis dizer a verdade, porque estava presente a Rosabianca e estas coisas não se devem dizer diante da juventude. Não, tenho muitas dúvidas acerca da eficácia do que faço, já não creio como acreditava quando éramos novos. Mas é preciso ir mantendo a chama acesa, sobretudo na mocidade. Não só, como tu, a da independência do espírito, mas mais do que isso, o espírito de luta. Fomentar na mocidade o espírito de luta para que ela possa amanhã ganhar a batalha que nós perdemos.»

Ali ao lado, um casal de franceses conversava em voz alta. Rosabianca observava-os. Depois disse:

— Sabe o que mais me impressionou no Tolstoi? — Fazio apreciava-lhe o sorriso, meigo por um lado, triste pelo outro. — Durante a guerra os homens têm sentimentos generosos, ideais profundos; quando a paz vem, apodrecem, perdem a sinceridade, tornam-se estúpidos, conservadores... Às vezes penso que uma guerra nos revelaria o que há em nós de generoso e de puro, nos revelaria que todos somos irmãos, nós e os inimigos — mantinha nos lábios esse sorriso triste e carinhoso. Vestia uma camisola azul de lã que lhe vincava o peito pequeno e um casaco azul, também de lã, a testa agora sem uma ruga, os olhos um pouco mais escuros.

Mas Vianello interrompeu-a:

— Daí ao Hitler não vai muito... — e tinha um ar trocista.

— Sem dúvida, sem dúvida — acrescentou Fazio, no mesmo tom.

Não era a primeira vez que uma coisa assim lhe sucedia; não seria, decerto, a última. Mas os olhos claros, o sorriso, o pequeno peito de Rosabianca perseguiram Fazio até à noite. E revia os gestos dela, a forma distinta e intensa como expunha as ideias, ou, melhor, os sentimentos: sincera, natural, sem receio de dizer o que pensava. E compreendia, dolorosamente compreendia, os sentimentos de Soldati.

— É aquela — disse ao amigo, dias depois, apontando Rosabianca, no outro lado da rua, absorta, apressada.

— Falhaste...

Não lhe passara pela cabeça — só agora descobre — a possibilidade de Flora não ser Rosabianca. E a alegria colou-se-lhe ao rosto.

— Sabes? — observou então Fazio, apertando com força o braço do amigo. — Ainda bem que falhei. Pensava de mais em Rosabianca e isso preocupava-me, pensava que ela era a Flora e sentia-me trair-te...

— E de certo modo me traíste porque pensavas que sim.

— Tens razão.

— Conhece-la...

Fazio levantou de súbito o pé. Debaixo do sapato, mas trepando-lhe à consciência, algo de elástico, de viscoso e ainda fresco. Esfregou a sola, demoradamente, no rebordo do passeio.

— Dizias?

— Se te sucedeu o mesmo que a mim, gostares dela sem a conheceres.

— Não, não. Conheço-a.

— Ah!

Vestida de branco, soleníssima, próxima e distante, ritmada pela agitação das lojas acabadas de fechar, dos escritórios que subitamente despejavam para a ociosidade febril uma população inquieta, Rosabianca, no outro passeio, observava-o, as sobrancelhas contraídas, os lábios estreabertos e irónicos. Mas Giovanni, sem a ver, com o joelho dobrado, verificava se a sola do sapato ainda estaria suja.

— Senhor Fazio — disse ela, que atravessara a rua.

Apanhado de surpresa, Fazio pôs o pé no chão.

— Como está, Rosabianca? — tinha a desagradável suspeita de que cheirava mal e corou. Depois, apresentando-lhe Soldati:

— Um homem que se apaixonou por uma mulher que não conhece...

O protesto:

— Que maneira de recomendar um amigo! — e prosseguiu, passando a mão pela pequena barba que lhe escurecia o rosto. — Rosabianca há-de supor que foi por ela que me apaixonei...

Rosabianca sentiu-se corar.

— Que ideia!

E a seguir, para Arnolfo:

— É o arquitecto Soldati, não?

— Vês que és um homem famoso? — diz Fazio, com malícia. Ao mesmo tempo limpava, discretamente, na aspereza do chão, a sola do sapato.

— Sou — respondeu Soldati, ignorando Fazio —, mas tenho a esperança de que saiba apenas quem sou, sem conhecer o que faço...

— Modesto — ironizou Giovanni.

Estavam os três parados no passeio, obstruindo o caminho, e resolveram então recuar para junto de uma porta, dando assim liberdade a quem passava.

— É muito mau o que faz? — disse Rosabianca.

«É bom ser o centro duma conversa», pensava, deliciado, o corpo de Soldati.

Um homem baixo pediu-lhes licença para entrar. Afastaram-se e a porta fechou-se de novo.

— Disse-me o Vianello que a Rosabianca se dedica à pintura. Porque não lhe pedes que decore os teus palácios?

— Aceito. Se algum dia fizer um palácio, Rosabianca encherá as paredes do átrio com umas novas *Consequências do bom Governo*. E não se falará mais de Lorenzetti...

— Nem do Palácio Comunal de Siena...

Essa desagradável impressão! Fazio, a cujo amor-próprio não estavam a prestar as devidas homenagens, esfregou mais uma vez a sola. Cheiraria mal, de facto?...

— ...até porque Lorenzetti era um grande artista — insistira Arnolfo, sem dar pelo elogio de Rosabianca —, mas a sua pintura mentia, o Governo de Siena era tão mau como qualquer outro...

— Eu serei uma péssima pintora, mas pintarei a verdade — aceitou ela, divertida.

— E o que será, nesse dia, a verdade?

A porta abriu-se. Afastaram-se, e o mesmo homenzinho baixo saiu, olhando-os admirado por ainda os ver ali.

— Não dá uns ares de general Badoglio? — lembrou Fazio.

— No dia em que lhe encomendarem um grande palácio municipal...

— Não haverá necessidade de construir grandes palácios municipais — atalhou Giovanni.

— ...no dia em que lhe encomendarem um grande palácio municipal — responde Rosabianca —, a verdade será esta: sem escravos, ninguém comerá o que aos outros pertence, todos seremos iguais e felizes, com férias para viajar e distrair o espírito e o corpo... Os homens terão o que desejam e a educação de apenas desejarem o que precisam... E diremos não somente: ó irmão Sol, ó irmão Fogo, ó irmã Água, mas também: ó homens meus irmãos! — baixou a voz. Em silêncio ouviram o ruído áspero e constante duma fábrica. — Diremos também: ó irmã máquina, que nos ajudas a fazer o pão e a fazer a roupa, que nos ajudas a descansar, que nos fabricas o tempo para adorarmos as coisas belas, a música, a poesia, o amor, as viagens...

E então Soldati esqueceu-se de Flora.

QUINTO QUADRO

Inesperadamente, o vento mudara, as nuvens recobriram o céu e a chuva chegou. Uma chuva grossa, nítida, intensamente oblíqua, cruzada. Havia muito tempo que não chovia assim e Giovanni foi até à janela e abriu-a; duas ou três gotas caíram-lhe na testa, refrescando-lhe a memória. Os gerânios tinham ficado mais vermelhos, os lírios mais brancos, as flores amarelas mais amarelas. E subia do chão um cheiro a terra molhada que lhe sabia bem.

Ei-lo ali com vinte e oito anos e sem futuro. Um curso que de nada lhe servia, porque nem professor poderia ser. E eis a sua vida (de resto, sob tantos aspectos, invejável): o trabalho no escritório do pai e uma ou outra tradução do espanhol ou do francês. «Desafecto à situação» significava: muda de vida; o Estado só dá direitos àqueles que se lhe submetem de corpo e alma e não têm sede de justiça.

Pelo menos — pensava às vezes —, isto dá-me algumas vantagens. Uma certa possibilidade de ser livre na escravidão. Não tinha um lugar a defender, o que lhe permitia falar à vontade, e o trabalho, sob a direcção impertinente do pai, era decerto um sacrifício insignificante.

Encostados às paredes ou abrigados nas soleiras das portas, alguns homens esperavam impacientes. Outros, afoitamente, um pouco curvados e de guarda-chuva em punho, metiam-se à chuva.

Se tivesse um emprego que o tornasse independente do pai — pensou —, não seria hoje solteiro. Uma dívida para com o fascismo... Ou não? Teria casado com a Ana. E aí está: seria feliz, infeliz, ou continuaria absolutamente na mesma? «Provavelmente nunca me casarei.» A idade estava a passar, cada novo dia era menos provável. Teria casado com a Ana. «Deverei agradecer ao fascismo?» Com a Ana seria infeliz, ela não era mulher para ele.

Lembrou-se que Argan dissera, meses depois de casar: Não há diferença, a diferença é meramente exterior. Em vez dos carinhos da mãe, os carinhos da mulher. Mas nós permanecemos os mesmos, nada poderá modificar-nos.

O telefone. Petruzi por causa do Vianello. Estaria Fazio disposto a assinar um papel? Fazio podia facilmente dizer que sim. E prometeu ir a casa dele. Se fosse empregado público, não seria fácil e sofreria portanto. Assim poderei ter a ilusão de que sou um homem corajoso.

Pega no guarda-chuva e sai. É pena que não tenha uma gabardine e uma boina. Gostaria de mergulhar naquela chuva, de senti-la escorrer pela cara. E ir de mãos dadas com a Rosabianca. Com a Rosabianca, antes de lhe dizer o seu amor. Porque depois de dizer... Depois, sabe isso de experiência, pouco a pouco, o seu amor irá morrendo.

Estranho é que faça parte da beleza desse período saber que, mais dia menos dia, confessará o seu amor. Esse instante futuro surge-lhe então desta ou daquela maneira: Rosabianca vestida de azul ou de vermelho, um dia de sol ou de chuva, paisagem de campo ou de praia. Mas porque é que tudo tende a morrer nesse momento? A chuva cresce, abriga-se no portal de Santa Maria del Carmine. É bom ver chover — diz em voz baixa. E ainda: mas com Rosabianca será diferente. Com as outras era um jogo, uma arte: o desejo de vencer uma dificuldade. Agora, não.

Entrou. E se, de súbito, olhasse para o crucifixo e caísse de joelhos, o coração cheio de fé?

Mas não caiu de joelhos. Sim: se de repente se convertesse, se de repente uma qualquer voz o chamasse? Estava só no meio da nave e os ouvidos atentos. Não, nada.

Dirigiu-se à capela Brancacci. Eis aí o que me chamou — pensa. E o Anjo terrível expulsa Adão e Eva do Paraíso. Mas porque cobre Adão o rosto com as mãos? Saberá ele o que é a Terra, para fechar assim os olhos? Porquê essa certeza antecipada de que a Terra é um mal? Eva grita como se conhecesse toda a miséria, todo o sofrimento que a espera. Mas não sabe, não pode saber. Têm medo daquilo que ignoram: choram, embora desconheçam; fecham os olhos para não ver o que ainda não sabem se é bom, se mau.

Calmo, extremamente calmo. Amará Rosabianca, mesmo depois de confessar o seu amor. Calmo. Senta-se e observa ainda. Depois, por um momento, desvia os olhos. Uma mulherzinha reza. — Já vieste ver o Masaccio? — pergunta-lhe em silêncio. De certo não, e, no entanto, ela era bem uma filha de Eva: chorava.

Olha de novo. Eva: a face deformada, gritando acerca do que não conhece. Adão: o medo de abrir os olhos, de ver as coisas de frente.

Conhecem, conhecem vocês o que vos espera? Porque choras tu se não conheces, porque fechas os olhos se não viste ainda o mundo? E aí estão os dois, os olhos cerrados para a realidade, chorando a realidade que ainda não viram. Porquê esse pavor do desconhecido, esse pavor que nos ficou colado à pele?

E abriram eles, alguma vez, os olhos, abrimos nós, alguma vez, os olhos? Isso: eis-nos ainda a chorar, e de olhos fechados, por um mundo que considerámos mau muito antes de olhar para ele.

Giovanni observa de novo a mulherzinha, dirige-se depois apressadamente para a porta. Não é curioso o interesse do Soldati pela Rosabianca? Será que se desinteressou de Flora?

O sol brilhava docemente, Giovanni meteu-se ao caminho. Que pena! Levava solas de borracha e desejaria agora sapatos com uma sola dura, ferrada, para bater com força no chão, ouvir o barulho afirmativo dos passos. O barulho triunfante, agressivo, de alguém que não fechará os olhos, observará bem de frente o mundo (este e o de amanhã). Bem de frente e sem ideias feitas, os olhos muito abertos.

SEXTO QUADRO

Como foi...? Ter-se-ia cruzado com ela sem a ver, teria a Ana pensado que voltou a cara de propósito?

Certo dia disse-lhe «boa tarde», mas ela desviou os olhos. Ou não deu por ele? Outra vez. Outra vez. E agora ignoram-se. Ignoram--se, mas haviam dito: «Se um dia desfizermos tudo, nunca cairemos no ridículo de nos zangarmos.»

Estranho! Jamais se falarão.

E como foi possível? O futuro tinha existido no espírito de ambos; não só as palavras, a imaginação também. Seriam felizes, realmente felizes, e era tudo. Tinham falado com intimidade, quase sem reservas (algumas vezes sem reservas — pensa), tinha-lhe beijado os olhos e a boca, repousado a face no peito encoberto.

Jamais se falarão. Como se nunca se houvessem conhecido, como se o passado fosse letra morta. Receando a prisão, o pai fugira para França e levara a filha com ele. Jamais se falarão. Mas, se por acaso se vissem e não virassem a cara para o outro lado, eis o que poderiam dizer (o que poderiam dizer, não o que diriam, claro está):

— Porque se acabou tudo entre nós, Giovanni?

— O quê? Ainda te recordas de que existiu alguma coisa entre nós?

— Porque havia de ter esquecido?

— Tens pena?

— Não, não. Tenho pena no sentido de que, se tivéssemos continuado, estaria hoje casada, e assim não estou.

— O receio de ficar solteira?

— Não é o receio de ficar solteira. É o receio de que a minha vida continue sempre a mesma coisa.

— Crês que mudaria?

— Não sei. Provavelmente não. E nesse caso talvez seja, de facto, o receio de ficar solteira.

— Nunca cheguei a uma conclusão. Gostavas de mim?

— Não antipatizava contigo. E tu?

— Enquanto convivi contigo supunha que gostava. Supunha que não poderia passar sem ti. Lembras-te? Várias vezes terminámos tudo entre nós. Durante os dois ou três dias em que tudo estava acabado, eu era terrivelmente infeliz. Infeliz, a sério, percebes? Não sabia como passar o tempo. Mas da última vez, quando foste passar as férias já nem sei aonde, precisamente no momento em que nos zangámos, não tive remédio senão preencher o tempo e habituar-me a passar sem ti. E foi então, aí ao décimo dia sem ti... descobri que eras apenas um hábito que poderia ser substituído por outro hábito, e nada mais. Por outro mau hábito. Tinha aprendido a jogar xadrez.

— És cruel.

— Não.

— Curioso, nunca chegaste a ser para mim um hábito; nem bom, nem mau.

— Então?

— Quando me encontrava contigo, quase sempre preferia não me encontrar. Outras vezes gostava de ir, não por ti, mas porque me beijavas, porque me abraçavas...

— Mesmo no princípio, mesmo quando fomos a San Miniato?...

— Não. No princípio gostei de ti.

— Tínhamos combinado ir lá, de manhã choveu... Mas tivemos sorte, a tarde pôs-se bonita.

— Passei a manhã a olhar para as nuvens.

— E eu.

— Mas nunca mais.

— Em vez de te encontrares comigo, que preferias tu fazer?

— Já não me lembro. Às vezes, não fazer nada, ficar em casa. Mas essa era também uma das razões por que eu gostava de estar contigo: sair de casa, dar um passeio.

— És cruel.

— Não.

— Ouve, Ana: se não fosse a tal questão... Não me lembra já o que foi, lembras-te?

— Vagamente.

— Se tu não fosses para férias nessa altura?

— Não terias descoberto que eu era um mau hábito.

— E tu? Terias descoberto que eu não era nem deixava de ser…?

— Eu já sabia...

— És cruel.

— Não.

— Então?

— Deixaria as coisas continuar.

— Tens a certeza?

— Estaríamos hoje casados.

— Seria horrível.

— Porquê?

— Ainda mo perguntas?

— Que disparate, Giovanni. Pensas que a vida de qualquer de nós sofreria grandes diferenças? Estaríamos casados e tudo correria nem bem nem mal, correria como corre entre os outros. És feliz por não ter casado? Não. Também não serias feliz por ter casado. Não haveria diferença.

— Sabes? Depois de acabarmos, quase fui feliz, ou, pelo menos, deixei de ser infeliz. Creio agora que gosto de uma tal Rosabianca.

Se tivesse casado contigo, seria muito mais desgraçado, visto que já não poderia casar com ela.

— Mesmo assim sem teres casado comigo: tens a certeza de que casarás com ela?

— A certeza?

— Não casarás.

— Casarei, sim.

— Não haveria diferença, Giovanni, não haveria diferença.

— Depois quase fui feliz. Mas desde que surgiu Rosabianca... Sabes? Via-a ontem de manhã, mas ela fingiu que não me viu, tenho quase a certeza. E não é a primeira vez... Quando ainda mal nos conhecíamos, vinha ter comigo. E um dia em que tinha o sapato sujo, foi horrível... Sabes? Até certo ponto, também tenho fingido que não a vejo, não é só ela. E isto apesar de permanecer tardes inteiras nos sítios prováveis de ela passar. Mas depois finjo que não a vejo. Ouve lá: é natural que pessoas que se estimam passem ao lado uma da outra e não se cumprimentem, não digam nada? Não será verdade que, por muita indiferença que sintamos um pelo outro, não somos completamente estranhos? — Aqui haveria uma pausa. Num pressentimento, Ana vergar-se-ia um pouco para trás (não fosse dar-se o caso de a combinação ter descido abaixo da saia). Ele prosseguiria, sem ver o gesto. — E talvez sejamos. Hoje sou. Não a vi, mas sou. Quase lhe tenho ódio.

— Ódio?

— Triste, muito triste. Triste e desabituado da tristeza. Desde que tudo acabara contigo, nunca mais me sentira triste. Um período de calma. Nesse sentido, a minha época mais feliz; não direi a mais bela, já que beleza e calma e bem-estar não estão necessariamente relacionados; mas sem problemas. Agora não. E tudo porque conheci a Rosabianca. De resto, tive ontem a impressão nítida, quase a certeza, de que lhe sou indiferente ou, melhor, que nunca se lhe pôs o problema de eu lhe ser ou não indiferente; que sou apenas uma pessoa conhecida e mais nada. Sabes como foi, ontem? Entrou para o meu autocarro, mas só tinha um lugar lá bem longe, à frente. Pude ver-lhe o cabelo escuro e, quando se virava, o perfil.

— Não haveria diferença se casasses com ela, Giovanni, não haveria diferença.

Tolice. Diálogo sem sentido, diálogo impossível. Fazio em Florença, Ana em Marselha.

SÉTIMO QUADRO

Era como se tivesse atraiçoado Soldati. Sentira-se atraído pela Flora e procurara encontrá-la. Exactamente, porque fora essa procura? Coragem, Giovanni: o sentimento, muito leve, de que Flora seria, talvez pudesse vir a ser, tua, não de Soldati. Somente a conhecias pelo que ele dissera, meia dúzia de palavras apenas: e afinal, nem Soldati a conhecia. Foi o próprio mistério quem sabe? Descobriste-a e gostaste dela. Estavas a trair um amigo. Ah, mas felizmente não! Rosabianca não era Flora e a tua consciência podia repousar. Mas este interesse de Soldati por Rosabianca... Interesse por Rosabianca ou simplesmente amizade por ti? Soldati limita-se a perguntar por ela, porque te preocupas então? Ah, a confusa e não suspeitada crença numa justiça universal, será isso? Soldati, que tu traíste por pensamentos e obras, será o instrumento da tua condenação. Rosabianca acabaria por ser de Soldati, restabelecendo-se assim a justiça universal.

Acendeu um fósforo para iluminar as escadas e começou a subir. A mãe pedira-lhe que trouxesse café, mas só agora se recorda. Aborrecido. — Giovanni! — ouviu dizer. Recuou e o fósforo apagou-se, movido por um sopro. A voz de Vianello.

— Como é possível, Vianello? Como é possível? — murmura. E, nem sabe porquê — ele que traíra Soldati —, sente subir do íntimo do coração uma funda amizade por Vianello, uma amizade como não se lembrava de nunca ter sentido por ninguém. E abraçou-o com força. Assim, na escuridão, não compreende porquê, esse abraço parecia-lhe mais intenso, mais profundo, mais sincero.

Vianello:

— Consegui escapar-me.

— Sim, sim — respondeu Giovanni, com os olhos rasos de lágrimas. — Não te libertaram? Fugiste? — Olha em volta no escuro e, de repente, compreende todo o perigo. — Tens a certeza de que ninguém te viu?...

— Nunca mais chegavas...

— Espera... — Sobe os degraus que faltam para atingir o patamar. As escadas rangiam, como é que nunca dera por tal?

— Já devem estar todos deitados... Fica aí. — Abre a porta e escuta durante alguns segundos. O silêncio. — Vem — conclui, ainda mais baixo.

O quarto de Fazio fica à entrada, para os pais não acordarem quando chega tarde. Mas a mãe não conseguia adormecer sem que ele chegasse. E, mesmo que entre com todos os cuidados, ela tosse sempre ou então levanta-se para beber água, tudo para que Giovanni perceba que ainda não adormeceu. No dia seguinte, aproveitaria qualquer oportunidade para dar a entender que o sentira chegar. Por exemplo: «Não ouviste esta noite os galos? Ah, foi antes de vires!» Ou então: «Ah, foi pouco depois de teres chegado...»

— Giovanni? — chamou.

— Diga, mãe... — Fecha a porta, aproxima-se do quarto dos pais.

— Trouxeste o café?

— Esqueci-me.

— Tanto te recomendei que não te esquecesses, não há café para amanhã!

— Boa noite, mãe.

Voltou para junto do amigo. Mas, entretanto, Vianello, que conhecia os cantos à casa, refugiara-se no quarto de Fazio.

— Ainda não terão dado pela tua falta?

Vianello contou-lhe: fugira antes do anoitecer e há muito tempo já que deviam andar a procurá-lo.

— Nunca mais chegavas — queixou-se.

— E agora? Que pensas fazer?

— Que me aconselhas?

— Não sei — responde. E abre as vidraças, para que o barulho da rua lhes abafe as vozes. Mesmo assim, falavam muito baixo, quase a medo.

— Tens a certeza, não se ouvirá lá dentro?

Acendeu a luz. Vianello surgiu, bem nítido, o perfil severo, aquela prematura tendência para a calvície, os olhos brilhantes. Mas estava sem óculos, tinha um adesivo na testa e um lábio ferido.

— Caíste? Bateram-te?

— Não tem importância — responde, sem deixar de ler os títulos dos livros, alinhados numa estante.

Giovanni gostaria de saber as razões exactas por que Vianello fora preso, mas dominou a curiosidade.

— Seja como for, não posso ficar em tua casa.

Sim, não podia. Os pais. A criada. Mas Fazio sentiu-se na obrigação de lhe dizer que sim:

— Porque não?

Vianello explicava: gostaria de descansar até de madrugada e sair muito cedo, ainda de noite. Pediu-lhe dinheiro.

— E depois? Sabes o que vais fazer? Não seria preferível ficares preso?

— Não tinhas aquilo ali — interrompe-o Leonardo, apontando para uma máscara mortuária de Beethoven dependurada na parede. E respondendo: — Talvez... Não, não sei... Tive uma oportunidade de fugir... — Aproximara-se mais da máscara e observava-a. — Não eras grande admirador de Beethoven...

— E não sou, acho-o demasiado retórico nas sinfonias, demasiado económico nos quartetos. Mas deram-ma..., e que é que eu havia de fazer? Sempre tem um efeito decorativo...

Vianello prosseguia:

— Creio bem que nunca me pude conhecer, as minhas reacções foram sempre reacções a situações conhecidas e iguais — ficou uns instantes a pensar. — Tu fugias?

— Depende...

— O mais engraçado é que não hesitei. Se tivesse pensado um pouco, talvez não fugisse... — Virou as costas ao Beethoven e foi sentar-se perto de Giovanni. — Será possível que não gostes de Beethoven? — insistiu. Fazio encolheu os ombros. Ficaram calados por instantes e depois Leonardo pediu: — Importas-te que apague a luz?

Foi Giovanni quem a apagou. Também a ele aquela luz forte incomodava. — E quando te verei? — quis saber.

Leonardo não respondeu.

— Vais tentar fugir para França? Tens razão, não digas. Mas se ficares em Itália, se passares à clandestinidade, nunca te esqueças de que sou teu amigo.

— Eu sei. — Ficaram a olhar um para o outro mais sincera, mais comovidamente do que nunca. Como se ali, naquele momento, a súbita consciência da amizade, após tantos anos de convivência quase estéril, se lhes revelasse! E então desviaram os olhos um do outro: nem Giovanni, nem Leonardo suportavam os excessos de sentimentalismo.

— Será preciso a desgraça para descobrirmos que... — ia a dizer Vianello, mas a frase morreu-lhe nos lábios.

— Qualquer pequeno nada... Conta comigo, ouviste? — De repente lembrou-se: — E se eu te levasse no automóvel do meu pai...?

— Descobririam...

— Talvez não.

Vianello reflectiu durante alguns segundos.

— Não será perigoso ir agora de noite? Não dará nas vistas um automóvel na estrada a esta hora?

— Não sei.

Ah Giovanni, esse «não sei» não faz parte das regras do jogo. Dizeres «não sei» é aceitares que este diálogo é inútil, que o futuro é imprevisível — e como poderás tu viver se aceitares semelhante coisa? Espera então, Vianello vai compensar o vazio das tuas profecias. Escuta-o: ele crê na utilidade das palavras que os homens trocam entre si ao dialogarem com o futuro:

— E como explicarias a tua saída, assim de noite?

— E de dia?

Uma pequena dor no lábio ferido, e passou a língua pela carne rasgada para lhe dar um pouco de frescura.

— A não ser — diz então Fazio, mergulhando no amanhã — que eu te leve até uma das saídas da cidade. Ainda não é uma hora. Escondes-te, e de manhã, não muito cedo, passo por lá e seguimos. De dia ninguém dá por nada.

— Ainda estás acordada, mãe? — pergunta, chegando-se à porta do quarto dos pais.

— O que é? — responde, estremunhada.

— Não consigo dormir. Vou ver se compro o café. Conheço o gerente dum bar, ainda não deve ter fechado...

Saíram em silêncio, contra os protestos da mãe. Agora estavam dentro do futuro. As profecias cumpriam-se: o automóvel do pai continuava do outro lado da rua, a uma certa distância. Cumpriam-se: aqueles três homens que ali vão (e que nem Giovanni nem Vianello haviam previsto que ali fossem) nada têm que ver com a polícia. E o resto que ambos tinham imaginado acontecer aconteceu: não foram presos, não encontraram polícias, o pavimento das ruas não se abriu quando passaram, as rodas não rebentaram, tiveram a gasolina necessária, Giovanni não se esqueceu, subitamente, de como se guia um automóvel. Tudo, ou quase tudo, como esperavam.

Fazio brincou:

— Assim, sem óculos, nem pareces tu. — Estas palavras não estavam previstas, mas isso não tem importância.

Vianello indicara a saída para Pistóia. «Talvez eu me possa esconder ao pé do estádio, não?» Depois mudou de ideias: «A que horas nos encontraremos?» Profetizavam de novo. Falavam acerca de um futuro que o era em relação ao futuro em que já estavam agora.

— Às nove e meia?

— Por exemplo.

— É preferível ficar aqui, ainda dentro da cidade. Pára aí adiante. — Giovanni parou. — Sairei da cidade a pé. Não achas melhor para ambos? Lembras-te daquelas árvores onde costumávamos descansar nos tempos do liceu?

— Então não me havia de lembrar? — E o automóvel lentamente recomeçou a marcha.

— Estarei aí. Passarás às nove e meia exactas — profetizou Vianello.

Acertaram os relógios.

— O teu está certo? — disse Vianello, preocupado. — Bem, não faz mal. Irás devagar e eu mostro-me quando passares.

Parou sem desligar o motor. Apertaram as mãos.

— Adeus.

Fazio ia perguntar-lhe «que vais tu fazer com este frio até às nove e meia?», mas calou-se. Depois ficou a ver o vulto de Leonardo a afastar-se vagarosamente, desaparecer na esquina, sem se voltar uma única vez para trás.

OITAVO QUADRO

Aí tens, Vianello: profetizaste. Mas escolheste verdadeiramente o teu destino? Já sabes o que vais fazer? Sabes se vais passar a fronteira ou se ficas em Itália? Sim, Vianello: ficarás, quer decidas, quer não. Mas quem és tu?

Isso: um foragido que poderá ser morto a tiro, um homem sem direitos, eis o que és. Morto, mesmo antes de teres morrido. Porque, se eles te apanham...

Profetizaste: pensas que amanhã a terra poderá ser dos homens, não somente de meia dúzia de homens. E votaste nos homens, não na meia dúzia. Profetizaste: pensas que amanhã os homens poderão ser humanos e não inimigos; humanos, iguais entre si, e não escravos cruéis da miséria ou da riqueza. Profetizaste que a terra não será um eterno combate de homens contra homens e que a idade do oiro se anuncia. Decidiste ser soldado para que a terra não signifique luta, brutalidade, miséria.

Sim, já escolheste, profeta! Já tinhas escolhido antes de seres preso. Irás direito a Luca, encontrar-te-ás com Cervi, e, quanto ao futuro, nada sabes. E Luca simbolizará a tua existência: uma cidade murada. Ficarás cercado, defendido por inúteis muralhas de outros séculos. Serás um combatente. Combaterás no mundo presente com armas antigas pelo mundo futuro. Um combatente muito mais combatente do que foste até hoje. Um combatente. Alguém que já não pertence aos vivos que são felizes e infelizes, que se preocupam com pequenas coisas, que vivem despreocupados. E morrerás antes do grande dia; sim, morrerás antes do grande dia. Durante um, dois anos, Luca vai resistir. Durante um, dois anos, não te apanharão e lutarás para que Rosabianca, para que Fazio, para que os teus pais, o teu irmão mais novo, os trabalhadores teus amigos que tu não conheces tenham direitos. Homens livres numa cidade sem muralhas. Mas, então, estarás morto. Dois, três anos e, um dia, quando menos esperares, quando já te supuseres invulnerável, eles aí estarão. Serão homens como tu. Mas aí estarão. Não resistirás, levam-te. Escarnecem-te. Chamar-te-ão traidor, porque amas os homens e não os carrascos, os humildes e não os grandes da terra. E depois? Para onde te levam?

Para onde estás tu a caminhar?

Ah, não! Não és suficientemente conhecido e importante para que te tratem bem. Haverá um *acidente* e morrerás. Dirão que resististe ou que tentavas fugir. E não fugiste já um dia? Será a morte pela vez que fugiste. Ou outra coisa qualquer. Terás morrido — e é tudo.

Ter-te-ão levado para a memória saudosa dos teus amigos — e é tudo.

Rosabianca não conseguia dormir: neste momento, querido Leonardo, estarão a interrogar-te, estarão a bater-te. Homens, como pequenas piranhas, estarão a comer a tua carne, a arrancá-la pedaço a pedaço.

Não.

Não; neste momento ninguém te obriga a falar, Vianello. Só se fores tu próprio. Ninguém te tortura. Estás só e só tu poderias torturar-te. Espera. Tem paciência e espera. Morrerás antes do grande dia; sim, morrerás antes do grande dia. Mas até lá espera. E, tanto quanto possível, sê feliz. Este é um momento de repouso.

Os teus amigos dormem; têm pena de ti, estão indignados pela tua prisão, mas dormem. E tu sabes: é humano, é natural, até os santos assim procederam. Quantas vezes dormiste, apesar dos homens presos e dos homens martirizados? Dormiste até alguma vez, uma só vez, sem que tal não estivesse a suceder? Seja como for, na noite que se prolonga, Rosabianca tem o pensamento em ti. Afirmo-to. Embora, dentro de um quarto de hora, nem mesmo ela esteja acordada. Dormirá também. Durante esse tempo ficarás morto para eles, porque dormem e não te recordam nem sonham contigo.

Mas tu estás vivo para ti. Tu estás acordado. Procura então ganhar, não dormindo, os anos que irás perder, morrendo cedo.

E há, também, um certo número de homens acordados, para os quais estás vivo. Escuta-os. Eles pensam em ti (são os únicos que pensam em ti), procuram-te — as espingardas engatilhadas. Estás vivo no espírito deles, morto nas intenções.

Espera. Escuta-os. Movem-se, rastejam, farejam na noite escura. Aqueles que te amam, dormem; estes não dormem, estes não te amam.

Repousa. Prometo-te que esta noite não te acharão.

Dorme como os teus amigos.

Como Rosabianca.

NONO QUADRO

Quando, uma semana depois, Rosabianca encontrou Fazio, quis saber o que se passara com a visita da polícia à casa dele. Giovanni pouco tinha a dizer e tudo era muito menos impressionante do que constara a Rosabianca. «Como as coisas se inventam!», dizia ela. Afinal, apenas haviam revistado os livros e as cartas de uma antiga namorada. E entre os livros apreendidos encontrava-se um de Economia Política (o receio do nome!). O livro era de um professor universitário amigo de Mussolini e membro dos conselhos de administração de várias empresas.

— Pois não sabe? Cortaram no «Ângulo Recto» uma poesia de Leopardi. Julgavam-no contemporâneo...

— E tiveram razão — sentenciou Rosabianca. — Mussolini, para ser coerente, devia suprimir todos os grandes escritores do passado, todos eles são seus inimigos.

Riram-se. Giovanni prosseguiu: Tinham-no intimado a ir à polícia para prestar declarações. Queriam saber o paradeiro de Vianello. Mas não fora maltratado. Como respondesse — e dizia a verdade — que nada sabia, o inspector Lorenzo, mas delicadamente, perguntara-lhe o que pensava do regime. Que responder? Mas o Lorenzo, sempre cheio de tolerância e de boa vontade, garantiu-lhe que um dos seus melhores amigos era republicano, ele respeitava muito as ideias dos adversários, etc.

— E o Fazio? — acudiu Rosabianca, fresca e jovem com a sua blusa branca de bordado inglês, uma saia azul riscada verticalmente por inúmeras linhas brancas. Olha-o sem reservas, os olhos claros muito abertos e atentos, a boca entreaberta, os dentes húmidos, as sobrancelhas cerradas.

— Que havia de fazer? — Afastam-se um do outro para ultrapassar um homem de idade que, mais vagaroso, lhes impede a passagem. — Disse-lhes que era adversário do regime. De resto, ele respondeu que sabia. Mas qual o sentido da minha palavra adversário?, perguntou. E eu: significa que não concordo, «um ponto em que não concorde», insistiu.

— Diga-me — interrompe-o ela —, estavam sentados ou tudo isso foi dito de pé?

— Sentados, sentados. Sempre muito amável, até com oferta de cigarros.

— Fumou?

— Não, respondi-lhe que não fumava. — E, dizendo isto, procurou no bolso os cigarros.

— Tinha um ar distinto?

— Claríssimo. O ar mais distinto deste mundo.

— Mas...

— Um momento, Rosabianca. — Parara e cumprimentava um homem de meia-idade. — Meu pai — ouviu ela dizer — só ontem é que me falou, imagine!

— Já foi na semana passada — explicou o homem de meia-idade.

— Felicíssimo, não?

— Se lhe parece! Depois de tantos anos!

Rosabianca observava-o. Sim, tinha um ar muito feliz: mas porque seria?

— E a senhora dona Catarina, bem, é claro?

— Como se nada fosse.

— E logo uma menina. Era o que o senhor Lionello desejava, aposto!

Um sorriso. «Mas a mãe preferia um rapaz», comentou.

Despediram-se.

— Desculpe, Rosabianca. — Continuaram a andar. — Onde ia eu?

— Que não concordava com o regime.

— Ah! Pois. Que havia de dizer? Senti bem que teria sido melhor recusar, logo de princípio, qualquer resposta e invocar a Constituição. Mas agora havia que prosseguir e não perder o pé.

Rosabianca observava-lhe o cabelo castanho, os olhos azuis, o nariz arrebitado. Via-o falar, explicar-se, sublinhar as palavras com largos gestos, erguer inesperadamente a voz como se estivessem sozinhos os dois e não houvesse o perigo dos ouvidos alheios. «Gosto de ti, gosto de ti, gosto de ti», achou-se ela, de repente, a pensar.

— Aonde me conduziria aquele diálogo estúpido? Felizmente ficámos por ali. Mandou-me embora, sempre muito amável.

Continuavam a caminhar. Seguiam sem rumo aparente, mas entretanto tinham-se aproximado da Praça de São Marcos. Havia ali uma loja de brinquedos e ficaram um momento a olhar para a montra. Um tanque de guerra, soldados, peças de artilharia e, muito sós, muito tristes naquele momento de desgraças, três bonecas, um tímido leãozinho, dois ursos e um gato enroscado, com os olhos meio abertos. Mas o gato era autêntico, o gato estava vivo. A única coisa viva naquele mundo de tristezas. Fazio bateu no vidro, tentando acordá-lo. E acordou. Abriu os olhos ensonados, observou-os de longe, e adormeceu outra vez.

— Se mudássemos de assunto, Rosabianca?

Rosabianca fixou-o longamente.

— Sim, se mudássemos de assunto — repetiu.

Deram meia dúzia de passos em silêncio.

— É estranho, Rosabianca. Foi Vianello que ma apresentou e ligo-a sempre a conversas deste género. — Ela ouvia-o com os olhos no chão. — Quando a vejo quase me sinto na obrigação de falar só de política, como se receasse desiludi-la por falar de outras coisas.

— Não! — ela interrompe-o, levantando os olhos do passeio. — Mas comigo é o mesmo... Também tinha vergonha de lhe falar de outras coisas com receio de que o Fazio me julgasse mal. — Giovanni punha, aparentemente, toda a sua atenção em acender o cigarro, mas o vento apagava-lhe os fósforos. Rosabianca deixou-o acabar, e recomeça: — Sim, costumo pensar em outras coisas, mas (quer crer?) sinto-me tantas vezes indigna por me distrair, por perder tempo... Teremos o direito, não é criminoso, penso então, distrair-me...

Passavam em frente da paragem do *troley-bus* de Fiesole. Fazio desejaria ter coragem de lhe propor uma ida até lá. Mas não se atreveu, continuaram a caminhar a direito.

— Não — disse, ao mesmo tempo que, sem querer, deixava cair o cigarro. — Mussolini já nos causou tanto mal que não poderemos permitir que nos obrigue a pensar apenas nele. Nem deixaremos que este ódio seque o nosso coração, queime o nosso espírito. — Abriu uma pausa, olhou outra vez o casaco e as calças, não fosse o cigarro ter-lhe ficado preso nalguma dobra, e depois observou Rosabianca com um sorriso. Subitamente tímida por aquele olhar, ela hesitou um tudo-nada e respondeu:

— Sim, essa secura deixemo-la para eles. — Não se atrevia a encarar Fazio e, sob o peso dos olhos dele, interessou-se, outra vez, pelo piso mal arranjado do passeio. — Ainda que muitas outras coisas nos possam tirar — conseguiu dizer —, não nos roubarão a música, nem a pintura... — Lançou um olhar rápido para Giovanni, que continuava a fitá-la, e prosseguiu, a voz um pouco mais segura: — Somos felizes, nós, porque gostamos dessas coisas, muito mais felizes que tantos homens que não podem procurar um pouco de liberdade, porque não foram educados nelas... — «Como és bonita, como eu gosto de ti», pensava Giovanni, quase sem a ouvir. — Nós somos escravos, mas temos a música — insistia Rosabianca, agora bem senhora da sua voz. — Imagine o que não será a escravidão sem música, sem pintura, sem poesia! Não ter aprendido a apreciar a beleza dessas coisas?

— Continuamos a politicar...

— Ponto final. Acabou-se. — Um sorriso largo, aberto, pleno. — Mas que iremos dizer? — Parada em frente dele, cortando-lhe o caminho, esperava.

— Não sei...

Recomeçaram o passeio.

— Será que, de facto, não sabemos falar de mais nada?

Fazio respondeu:

— Sabe, Rosabianca? É muito difícil iniciar uma nova conversa, precisamente porque decidimos que essa conversa não seria sobre certas coisas, precisamente porque a limitámos...

— Falaremos de música, do terceiro andamento do *Opus 135*? De Thomas Hardy?

Fazio deu uma gargalhada.

— Porque não? — E quase distraidamente murmurou: «Suas vidas haviam falhado devido ao erro fundamental do casamento, o erro de terem estabelecido um contrato permanente sobre um sentimento temporário.»

— *Judas, o Obscuro* — respondeu Rosabianca, certeiramente.

DÉCIMO QUADRO

Ei-los, Giovanni e Rosabianca! Vão trepando vagarosamente a estradinha que conduz à Igreja de São Francisco. Conversam, entregam-se às palavras, mas não só às palavras, ao ar gostoso e perfumado que separa uma das outras as palavras — palavras que assim lhes aparecem como arquipélagos, arquipélagos ricos, densos de florestas e de enigmas, que assim lhes aparecem a emergir do oceano do tempo, desse tempo que é ar inspirado, expirado, denso, saboroso. Conversam. Sobre quê? Conversam. Nem uma palavra acerca de Mussolini ou do fascismo. Neste momento não são escravos. Vão livres e sorriem no meio das palavras encantadas. Não é a primeira vez que seguem juntos para Fiesole, não é a segunda. Vão livres e sorriem.

Domenico Villani e Briganti estão sentados e discutem. Foi assim: não havia nenhuma mesa vaga e Domenico ocupava uma, sozinho. Então veio o gerente perguntar-lhe se dava licença que se sentasse ali aquele cavalheiro. A sua despesa era pouca e Domenico Villani disse: «Faça favor» — aborrecido, mas sem a coragem de uma recusa. Briganti não reparara nele, limitou-se a seguir o criado. E só no momento em que se sentava o reconheceu. Tal e qual com Domenico. «Não incomodo?», ia a dizer Briganti. «Faz favor», ia a dizer Villani. «Villani!», disse Briganti. «Briganti!», disse Villani.

Briganti andou no liceu com Domenico. Já então vestia a sua camisa negra e nunca faltava quando havia um conflito. Depois, oito anos sem se falarem. Domenico recorda-se bem. Os estudantes tinham-se manifestado dentro do próprio liceu contra a prisão de Vianello (já então Vianello), de Fazio e de Soldati. (Soldati que, no seu estúdio, neste momento, pensa: «Não, Rosabianca. Não procuro ser salvo, como Fazio. Para ele tu és uma tábua de salvação, um meio de se reencontrar a si mesmo, de reconquistar a perdida fé. Ama-te porque tu vais defendê-lo da descrença, porque vais dar-lhe confiança. Eu amo-te por ti mesma, Rosabianca!») Presos por causa dum manifesto contra a prisão de... — Domenico não se recorda de quem.

Lembra-se: um autêntico comício. Em silêncio e assistindo, ausente dos lábios o mais leve sorriso de ironia, os *outros*. Mudos, silenciosos, quietos. Eram uma minoria. Entre eles, Briganti. Não se manifestavam, mas manifestaram-se, por fim, quando a polícia chegou. Recorda-se bem: invadiu o liceu e fechou as portas. Domenico escondeu-se durante muito tempo no mictório. Aí conhecera Reni. Quando julgaram que tudo passara, saíram cautelosamente. Ao fundo, em frente do portão, um cordão de polícia comandado por um tenente. Do lado de cá, hesitantes, um grupo de alunos. A passagem para a rua não estava proibida, percebeu ao fim de alguns momentos. Quem quisesse poderia sair. Mas os vinte metros a transpor até à saída teriam de ser feitos sob uma chuva de *casse-têtes* e de pontapés. Reni atrevera-se. Lentamente, destacara-se do grupo, avançava com prudência em direcção à porta. Em silêncio, fixando bem as pupilas escuras do tenente. Mas de súbito baixou a cabeça e correu. Os polícias caíram-lhe em cima. Não só os polícias. Briganti; Briganti e os *outros*. Briganti que lhe diz neste momento: «Que tens feito? E aquele rapaz com quem andavas muito... — Finge um esforço de memória. — Fazio, parece... Imagina quem eu vi ontem (há que tempos o não via!)... Soldati!» («Amo-te, não apenas para receber, mas para dar, Rosabianca. Amo-te, mal te conhecendo, mas adivinhando que também precisas que te ajudem, que também precisas de estímulos para a tua fé.») Briganti que lhe diz coisas simples, humanas. Briganti, Arturo Capo Briganti. Lembra-se: Reni caiu e acabou por fazer o trajecto arrastando-se pelo chão, esmagado pelo peso dos *casse-têtes*. A porta estava aberta, deixaram-no sair. «Não sabem o que fazem», gritou um professor, a gaguejar de indignação. Foi demitido depois. Recorda-se bem; pensou assim: «Ah, eu não vos conhecia! Conhecia-vos somente de ouvir falar, de saber que haviam assassinado Matteoti, de tudo o mais, de ouvir falar, somente. Sabia que isso era verdade, mas agora vejo. Isto que eu vejo é menos do que eu sabia. Mas isto que eu vejo, vejo. E é mais, precisamente porque vejo.»

Três colegas, então, atiraram-se para a saída e ele acompanhou-os. Cai, levanta-se, torna a cair, torna a levantar-se, escondendo a cabeça com os braços. As calças rasgadas, um joelho ferido, a testa e uma das mãos em sangue, eis que alcança a porta! Livre! Mas aos que ficaram lá dentro obrigaram-nos a lavar as inscrições que cobriam as paredes, palavras como Abaixo o fascismo e Liberdade para os presos políticos.

— Não será um erro o que vocês fazem? Poderão ainda ter ilusões? Olha a Inglaterra e a França, a atitude delas com a Áustria e com a Checoslováquia: não é a democracia uma fonte de cobardia? Os disparates da mocidade não contam, Domenico, e nós abrimos os braços a quem finalmente nos compreende.

Domenico não respondia. Ignorava até como Briganti começara.

— Que fazes? — dissera Briganti, mudando de assunto, atento ao desagrado de Domenico.

Não respondeu. Teria vergonha de responder. Mas Briganti sabia:

— Disseram-me que já não estás naquela casa...

— Sim. O meu patrão quis meter outro empregado. Tinha um pedido e descobriu que eu não era da situação, disse que no seu escritório não havia lugar para a canalha. Eu era a canalha.

Um silêncio. Briganti assoou-se. Depois:

— Um tipo inteligente como tu! Mas não arranjaste nada?

— Sabes que é difícil... Os empregos públicos... Briganti.

E, entretanto, Rosabianca e Giovanni conversavam também. Iam livres e sorriam.

Talvez pudesse arranjar qualquer coisa, sugeria Briganti. Que sorte terem-se encontrado após tantos anos de isolamento, não era? Não, Domenico nada receasse, nada de política.

Briganti. O pequeno bigode, o perfil côncavo, a testa pequena.

«Nada de política», pensou Domenico. E também pensou na mãe, a irmã que trabalhava numa loja, que trabalhava para ele. E nem uma palavra sobre o assunto; uma leve condenação nos olhos, talvez, mas nem uma palavra.

Briganti. O casaco azul, a gravata cinzenta.

Os olhos somente. E isto: uma tristeza de viver. Briganti. O casaco azul, umas pequenas riscas cinzentas entrecruzadas. Os olhos que não o largam.

Uma tristeza de viver. Em frente, mais trinta anos de vida, e depois nada existirá de tudo aquilo. Valeria a pena esta recusa? Oh, como é bom ser rico, ser herói!

Isso, Briganti.

Rosabianca e Fazio descobriam Florença lá em baixo e entretinham-se a procurar as casas das pessoas conhecidas. «Vê? Aquela é da Renatta, aquela ali mais adiante (está a ver?) é a minha. E a outra, à esquerda...»

Sentiam-se livres e sorriam.

DÉCIMO PRIMEIRO QUADRO

Soldati esquecera-se de Flora, porque a tinha encontrado em Rosabianca. Mas Flora, a Flora que ele seguira com os olhos, a Flora que levara Giovanni a descobrir Rosabianca, chamava-se Renatta. E Renatta havia pressentido o interesse de Soldati. Mas que foi que aconteceu? — pensou ela. De repente, de um dia para o outro ele deixara de aparecer. Como quando tinha onze anos e ia para o liceu e se cruzava com aquele rapaz loiro, de cicatriz na testa. Depois das férias do Natal desapareceu, e que havia ela de fazer a tantos sonhos que com ele tivera? E também outros. Tudo isto era ridículo, esse prazer de se sentir perseguida por desconhecidos. Perseguem-te porque não te conhecem. E tu? Que vais pensando deles? Ah, vais pensando que são quem gostarias que fossem. Quem gostarias que fossem? Não os conheces. Mas aquele sabias quem era: sabias ser Soldati, o arquitecto. Aí está: tens ouvido falar nele. Mas poderás supor alguma inteligência num homem que se interessa por quem não conhece? Tu ainda tens uma defesa, mas ele? Não, nem tu tens defesa. Sim, têm ambos defesa.

Rosabianca aproximava-se. Vinha com ar grave. Viu a camisola de Renatta e perguntou onde a tinha comprado. Depois seguiram as duas para casa de Rosabianca.

Um quarto pequeno, nem bonito nem feio: cama, toillete, uma escrevaninha e um guarda-vestidos. E as paredes cheias de quadros

— todos sem moldura, simples postais alguns. E dela, porque certos quadros eram dela. Dela e nascidos mais ou menos de Macke e de Matisse.

— Ouve, Renatta, porque é que nunca disseste nada? Não gostas, pois não?

— Porque perguntas? Sempre pensei que existia entre nós um acordo tácito: nunca pedias a minha opinião e eu nunca ta dava... — Sorriu e foi sentar-se na borda da cama, ao lado da amiga. A camisola vermelha ficava-lhe muito bem e continuava a prender a atenção de Rosabianca.

— Então o que é a amizade?

— Ah, a amizade... — limitou-se a responder Renatta.

— Nâo é dizermos tudo o que sentimos?

— E dissemos... — Fitaram-se por instantes.

— Renatta!

— Gosto de ti, Rosabianca. Quase me sinto zangada comigo própria por não gostar da tua pintura, mas que hei-de fazer?

Rosabianca abraçou-a.

— Eu já sabia — disse.

Ficaram de novo caladas a olhar uma para a outra. Depois, Rosabianca levantou-se, abriu o guarda-vestidos e tirou de lá uma combinação.

— Está muito comprida, preciso de subi-la... — Pôs a combinação à frente da saia, para saber quanto deveria encurtá-la. Renatta, que se aproximara, ajoelhou-se e fez uma prega. «Por aqui?» Rosabianca olhava de cima, estendeu a perna para observar melhor. «Sim deve estar bem... Via-se com o meu vestido azul.» Renatta vincou a prega e Rosabianca abriu a gaveta para tirar a caixa de costura. Enquanto se sentava, começou:

— Por vezes duvido de mim mesma. — Renatta ergueu para ela um olhar de espanto, espanto não pelo que ouvira, mas porque não conseguia descobrir a causa próxima (havia uma certamente) daquelas palavras. — Não só de mim própria, do bicho homem. Já não quero falar das pessoas que não conheço, mas, pelo menos, sei que Marcello está preso e que Vianello anda a monte.

— E depois? — disse Renatta para dizer qualquer coisa, para se mostrar atenta.

— Neste momento eles sofrem. Poder-se-á chamar então amizade... — Renatta compreendera: a causa próxima ei-la: a amizade. — Não te sucede? Às vezes, hoje mais do que nunca, vem-me uma súbita vergonha de estar aqui descansada, aqui a costurar, quando há pessoas que sofrem e sofrem por nós.

— Que havemos de fazer, Rosabianca? — Recorda-se. Nunca mais tinha pensado nisso, há quanto tempo foi? Estavam a passar as férias na aldeia. O irmão veio chamá-la. Caíra uma lagartixa dentro dum tanque e procurava desesperadamente fugir, a cabeça fora da água, as patas tentando agarrar-se às paredes. — Salva-a — pediu o irmão. Mas como? Não tinha coragem de pegar nela com as mãos. E veio o tio, uma semana antes de morrer: agarrou a lagartixa pelo rabo e salvou-a. Tão felizes, os três! «Felizes, porquê?» — disse o tio. «Salvando-a, vocês mataram dezenas e dezenas de bichos...» «Como proceder então?» «Não sei — respondera ele. — Há que escolher entre a lagartixa e os insectos; mas qual o critério?»

— Como é possível que a nossa amizade pelas pessoas seja tão frágil, como é possível que possamos viver e pensar noutras coisas, quando sabemos que neste próprio momento milhões de seres humanos sofrem? Que um bilião de homens têm fome, outro está subalimentado e só os restantes quatrocentos milhões têm uma vida relativamente decente? Como é possível dormirmos sobre este braseiro?

— Somos assim. Para que lamentar sermos assim? E seria preciso que agíssemos mais e pensássemos menos. Que soubéssemos dormir, mas quando acordados...

— Não deveríamos ser assim — interrompeu-a Rosabianca. Falando lentamente, os olhos brilhantes. Passou a mão pelo rosto.

— Por mais que faça, não posso deixar de ter vergonha de ser assim. Porque somos tão egoístas? Já reparaste? Agarramo-nos às mais pequenas coisas para nos podermos esquecer. — Parou. — Queria perguntar-te: não é indigno dos nossos dezoito anos? — Pôs de parte a costura, esperava uma resposta. E porque Renatta continuasse calada, prosseguiu: — Imagina que eu gostava de alguém e que isso me enchia de felicidade. — Abriu uma pausa. — É digno, isto de sermos felizes num tal mundo?

— Não somos nós que fazemos o mundo. Não somos felizes graças ao sofrimento dos outros, somo-lo apesar disso, o que é diferente. — Acompanhava com dificuldade as palavras de Rosabianca, sabia perfeitamente que a conversa era inútil, mas não queria ser desagradável com a amiga. (Estranho!, pensa. Admito que Rosabianca se preocupe com estas coisas. Se fosse outra não a ouvia, considerava-a somente uma burguesinha desmiolada e nada mais.) — Às vezes — disse, apesar de tudo —, todos esses problemas são apenas uma artimanha para descansar a consciência e não fazer nada. Uma desculpa cómoda, Rosabianca.

Rosabianca não a escutou com atenção, não atingiu o alcance das palavras de Renatta.

— Poderias ser feliz e amar alguém se ouvisses, no quarto ao lado, gritos de dor e de miséria?

— Talvez valesse a pena lá ir, talvez pudesse aliviar as coisas...

— Suponho que nada poderia ser mudado. .

— O nosso mundo está sempre a tempo de ser mudado se agirmos em vez de o lamentarmos...

— Não, não percebes o que eu quero dizer... — Recomeçou como se não tivesse sido interrompida: — E é o que nós fazemos: ser felizes, só com algodão nos ouvidos. Passamos a vida a pôr algodão nos ouvidos, em vez de ir ajudar os nossos irmãos.

Renatta ia pensando que Rosabianca podia dar-se ao luxo de falar assim porque amava e era amada.

— Vivemos no mundo — continuará Rosabianca no dia seguinte — tão longe das coisas como se vivêssemos no deserto. Andava a ler um livro sobre as origens do ascetismo. — É o que Orígenes pregava. Ao menos o António (fugia a dizer Santo) do século IV foi para o deserto. Nós somos ascetas, praticamos o *comtemptus mundi,* o desprezo pelo mundo. Tu não, eu — interrompeu-se. — Como Macário, fugimos aos homens, refugiamo-nos dentro de nós próprias. Há uma diferença. «Que é fugir dos homens?» perguntaram-lhe. E ele respondeu: «É sentares-te na tua cela e chorares os teus pecados.» Mas nós não choramos os pecados, rimo-nos, procuramos a felicidade individual. Somos ascetas, mas ascetas de um novo tipo.

— Eis-te a chorar os teus pecados, Rosabianca. E enquanto choras que fazes? — Confirmou as palavras do dia anterior: Alivias a tua consciência porque é mais cómodo. — E pensava que a convivência de Fazio com Rosabianca operava nela uma certa modificação. «Fazio está a perder-te, não a salvar-te...»

— Guardemo-nos do contacto com o mundo, eis o ascetismo — continuará Rosabianca em tom declamatório, propositadamente cómico, para esconder a vontade de chorar. — Nem mesmo ir aos povoados curar os doentes deverá ser obra do monge, segundo a «Regra Pacomiana». Eis o que nós fazemos, eis o que eu faço.

— Gostas de Fazio?

Rosabianca desviou os olhos.

— E não agimos, portanto. Em nós a consciência não é um instrumento de acção...

— Gostas de Fazio? — repete Renatta, insistindo em cortar a conversa.

— Sim, julgo que sim — respondeu.

— Ele gosta de ti?

— Às vezes, creio que sim, outras... Não, não tenho a certeza. — Fica a pensar.

— Eu gosto dum desconhecido, imagina...

Admirada, Rosabianca encarou-a. Depois, disse como se estivesse a pensar em voz alta:

— Mas é sempre dum desconhecido que se gosta. — Renatta não respondeu e Rosabianca continuou: — Giovanni também é para mim um desconhecido... Receio que ele me veja apenas como uma rapariga nova, mais nova do que ele, com a frescura que já perdeu ou julga ter perdido. Sim, é certo que gosta de estar comigo. Mas terá descoberto quem sou, conhecer-me-á, de facto? Poderá gostar de mim tal como sou e não como me supõe depois de meia dúzia de encontros? — Fez uma pausa. — E eu? Sei eu quem ele é? Gosto dele, gosto do Giovanni que conheci até hoje. Mas depois? O Giovanni de amanhã ainda me interessará?

Renatta deixara de a ouvir. «Gosto de Soldati, se... Aí é que está: verificar-se-á o *se*?»

— Gostar dum cunhado ou dum desconhecido é sempre igual. Não sei o que será Fazio amanhã; que diferença há, pois, entre o teu amor e o meu? — Cala-se. — Não há diferença, não há diferença — repete. Constantemente mudamos, constantemente somos outros, pensa. Se ele gosta de mim hoje, como poderá amar-me amanhã, se amanhã serei outra? E daqui a dez anos? Amar-me hoje não é ter a certeza de que não poderá amar-me amanhã, não seria, mesmo, da parte dele, grande prova de inconstância.

DÉCIMO SEGUNDO QUADRO

Arnolfo Soldati tinha de vigiar uma obra perto de Siena e convidou Giovanni Fazio a acompanhá-lo. Era sábado de tarde, não se levantava portanto nenhum problema, já que o pai via sempre com maus olhos as demoradas ausências de Giovanni.

Mostra-lhe a pequena casa que está a construir: simples, cómoda. — Todos estes materiais são produzidos em série. Mas é preciso obter com esses elementos conjuntos sempre diferentes, compreendes? A estandardização não foi feita para uniformizar as coisas e destruir a nossa imaginação, mas para facilitar as nossas vidas, economizar, desenvolver o espírito. E a arte em arquitectura resultará de se obterem formas diversas com os mesmos elementos. Dar ao homem a sugestão de que tudo é ímpar e pessoal, impedir o indivíduo de ser esmagado pela uniformidade, aproveitando precisamente todos os resultados da técnica, tantas vezes insultada ou mal compreendida. Ora esse compromisso entre a estandardização e o individual é possível, não é essa a grande lição de Gropius?

— Talvez — disse Fazio. — A teoria é bonita, mas a prática...

— É precisamente na prática que ela é válida — entusiasma-se Soldati. — Passamos a vida a recear que a técnica destrua o indivíduo e outros disparates jamais demonstrados. O receio do trabalho em cadeia, por exemplo. Longe de embrutecer, pode até fomentar uma maior liberdade intelectual, uma maior largueza de horizontes.

Não teria sido mais útil que Chaplin, em vez dos *Tempos Modernos*, tivesse feito uma fita que fosse o negativo dos *Tempos Modernos*. E isto não é fantasia, é o resultado dos inquéritos de tipo experimental de Gainelli. Vinte e dois operários, de entre trinta e sete, acham o trabalho em cadeia mais repousante do que o trabalho de movimentos livres. A automatização permite que o espírito voe por outras regiões... O trabalho livre e individual exige toda a atenção e esmaga, limita, escraviza o homem. O outro liberta-o...

Falava agora com o encarregado das obras e Giovanni afastou-se. Quando Arnolfo Soldati ficou livre, disse-lhe:

— Tens-te encontrado com a Rosabianca?

— Uma ou duas vezes.

— E então?

Fazio encolheu os ombros.

— Que posso dizer? — e ao mesmo tempo observava o amigo. «É verdade que gostas dela?», pensou.

— Mas gostas dela? — quis saber Soldati.

— Sim, gosto dela — continuou a observá-lo.

Subiram para a motocicleta e a velocidade não deixava que falassem. Por fim, Arnolfo parou; deixaram aquela máquina infernal, caminharam ao acaso por um atalho que trepava por uma encosta arborizada. Não tinham trocado nenhuma palavra, mas unia-os a mesma intenção: chegar lá ao alto, lá bem ao alto, sentarem-se um instante, e descansar.

E aí vão os dois a subir pela colina, aspirando o cheiro das ervas que pisam sem saber. «Que flor é aquela? — perguntava Fazio. — Sou completamente ignorante acerca de flores!» Soldati sabia: uma pimpinela. Giovanni apanhou-a e meteu-a no bolso, escondendo de Arnolfo Soldati o gesto. Mas Arnolfo vira-o. «É para Rosabianca», pensa. E apanhou também uma pimpinela. Para Rosabianca — disse de si para si. Com a diferença de que Giovanni entregaria a sua a Rosabianca e ele não.

«Trago-lhe esta flor, Rosabianca» — pensou Fazio. E imaginava Rosabianca a dizer-lhe: «Como é bonita!» Mas não; quando a der, já a flor não será bonita — esteve horas e horas fechada num bolso. Rosabianca não poderá dizer, portanto, que é bonita. Mas olhará para ele com olhos verdes e grandes e dirá que é.

Como Petrarca, como Aeneas Sylvius, ei-los que trepam a uma colina, sem outra intenção além de apreciarem a beleza. Nisto pensavam ambos, porque — ali, perto de Siena — quem sabe se Picollomini não subiu um dia àquele monte? Ali, à descoberta da natureza, à procura do mundo. E Petrarca, sentado lá em cima e lendo, ao acaso, a condenação de Santo Agostinho: acerca daqueles que olhavam as flores, as montanhas, os rios, e esqueciam-se de olhar para si mesmos. Suspenso, imóvel, Petrarca admirou a paisagem, toda essa beleza que lhe crescia pelos olhos dentro e fechou o livro. Pensava. E assim fizeram Fazio e Soldati. Olhavam e pensavam. Olhavam as mesmas coisas, mas viam coisas diferentes. E pensavam também em coisas diferentes.

Fazio interrompeu as meditações de Soldati.

— Há muito tempo que não me sentava assim, sem intenção nenhuma, a olhar para a madre natureza. Sentado sem fazer nada, pensando pouco, sendo todo olhos e repouso. E sabemos que é preciso fazer isto e nunca o fazemos!

— O que me admira — interrompeu-o Soldati — é ainda sabermos apreciar o mundo, ainda sermos suficientemente primitivos para nos sentarmos aqui.

— Não é bem primitivismo. O primitivo não descobriu a paisagem, era incapaz de se sentar a vê-la. Isto é civilização, a tal civilização que dela nos afasta...

— Hoje ainda? Um problema para os urbanistas. Passamos o tempo dentro de cidades cujas únicas coisas naturais são a pedra e a madeira, e mesmo assim já trabalhadas pelos homens. Como foi possível que nos habituássemos a viver num tal universo, todo ele construído por nós, todo ele cheirando a suor, a mijo, a homem?

— Sim, o que nós sabemos da natureza é através da pintura, da poesia ou dos compêndios de mineralogia, de botânica...

— Passam-se semanas e semanas que não vemos uma árvore, que não vemos uma flor. Ainda haverá natureza?, apetece-me às vezes perguntar.

Havia. Estava ali. Ali nos olhos deles, nos ouvidos, no nariz. Ali, estendendo-se sinuosa até que a linha do horizonte a fechava. Ali, riscada por dois milhafres de asas abertas e negras, por nuvens brancas que feriam a vista. E, em baixo, corrigindo o traço firme do cimo da montanha, adoçando-lhe o tom agressivo, quatro moinhos. Giovanni assistia ao entardecer, bruscamente impelido, apressado pelo vento que começara a soprar, e pensava: «Sim, será verdade, Arnolfo, que gostas de Rosabianca?» Olhava sem ver.

— Porque mesmo enchendo uma cidade de jardins, de erva, de árvores, de água e de pedras em bruto, mesmo assim não é a natureza que está dentro das cidades, mas o homem que a imitou. E quanto às estrelas, a electricidade não as deixa ver.

Palavras que Fazio dirá amanhã, em Fiesole, a Rosabianca, inspirado em Soldati, mas sem o citar: «Já não sabemos ver a terra, vê-la com simplicidade e amor. E não é só por vivermos num universo de objectos forjados pelos homens. Vivemos num mundo de palavras, as palavras que os outros inventaram para se dispensarem de olhar as coisas. Sim — continuará —, já não vale a pena procurar as coisas, porque as palavras as trazem até nós. Sabe, Rosabianca? Nunca tinha dado por isso, mas creio que nunca vi uma flor.» — Dar-lhe-á a pimpinela. Levantando-se, apanhará outra, ficará com elas nas mãos, os olhos fechados, o aroma discreto. «Apanhaste-a para mim?» Rosabianca, olhando a flor murcha. — «Não, nunca tinha cheirado uma flor — prosseguirá Fazio. — Cheirado apenas, compreende? Sabia que as flores cheiravam, mas nunca tinha cheirado nenhuma. Cheirado, profundamente cheirado, assim: profundamente. E a Rosabianca?»

— Não, não sei se existem flores, sei somente que existem coisas e cadeiras e automóveis e lápis — responde Soldati.

— E palavras. — Aspira profundamente o cheiro da flor. — É bom. — diz. — Espantosamente bom. Queres experimentar?

Quando Fazio voltou a olhar com olhos de ver — mas olhos embaciados pelas palavras —, as velas dos moinhos já não se distinguiam. Os milhafres haviam desaparecido, as nuvens estavam escuras, a tarde findava.

Pensou então: «Uma flor não é uma planta, uma flor é isto: esta pimpinela. Não tem pétalas, nem cálice, nem corola, nem pedúnculo, nem pé, nem folhas. É isto, é todas estas coisas.»

— Sim — disse Soldati.

DÉCIMO TERCEIRO QUADRO

Arnolfo Soldati aproximara-se da janela, inquieto por uma tarde inteira de cansaço e de costas dobradas sobre o estirador.

Na varanda da frente, a senhora do costume entregava-se à costura, olhando por vezes para a rua. Arnolfo inclinava a cabeça num aceno discreto e a senhora também. Não iam além disso; mas ela tinha grandes olhos escuros cheios de secretas intenções. Era mamã dum rapazinho de seis anos que se divertia com brinquedos violentos: espingardas, soldados de chumbo, aviões militares que vomitavam fogo quando se lhes dava corda. Mansamente, ela fitava Soldati e ele sorria, sabedor de que, mais noite menos noite, se deitaria com ela. Tanto mais que o marido estava fora — dissera-lho a porteira.

Lá em baixo, virada para uma montra de livros, uma rapariga vestida de azul. Rosabianca. O coração cresce no peito de Soldati, chega-lhe à garganta. Quando dá por si, tinha enfiado o casaco e corria pelas escadas abaixo. Onde estava Rosabianca? Espreitou: sim, estava lá dentro.

De início fingiu não dar por ela. Depois, quando calculou que já fora descoberto, mostrou-se admirado. Rosabianca olhava-o, sorrindo, e Arnolfo cumprimenta-a. Que lhe dizer? Que tinha estado com Fazio momentos antes ou perguntar-lhe se o tinha visto? Mas falar em Fazio podia parecer uma inconveniência e resolveu começar de outra maneira. Afinal foi Rosabianca quem abriu a conversa.

— Já lhe encomendaram o projecto do palácio comunal? — pergunta, sem desviar os olhos do livro que tinha nas mãos.

— Bem sabe que só poderá ser depois... — responde a sorrir. E prossegue: — A Rosabianca já esboçou os grandes frescos para o átrio, o seu hino à máquina?

— Um momento — interrompe-o ela, vendo que o telefone ficara livre. Dirigiu-se para lá. Conversa estúpida (pensa ele, aborrecido consigo próprio). Mas Rosabianca voltou atrás com algumas moedas na mão. — Troca-me? — perguntou. Soldati não tinha troco, dirigiu-se à caixa e voltou de novo para junto de Rosabianca, que entretanto também se aproximara ao vê-lo com o dinheiro. — Obrigada — disse, e de novo se encaminhou para o telefone.

Mas para quem estaria a telefonar? Para Fazio? Soldati via-a de longe, fingidamente curvado sobre uma revista. Rosabianca permanecia voltada de costas, num canto escuro. Decerto o telefone estava interrompido, porque poisou o auscultador e tornou a marcar o número. Fazio?

Não. Regressou a queixar-se da falta de palavra dos relojoeiros. Há mais de uma semana que... Não completou a frase.

— São impossíveis — sente-se Arnolfo na obrigação de dizer.

E ficam calados.

— De Vianello — pergunta Rosabianca —, sabe-se alguma coisa? — Aparentemente dispunha-se a sair. E olhava para Arnolfo como quem diz: Vem ou fica?

— Que eu saiba, não — responde Soldati, tomando também o ar de quem sai. — Sai? — pergunta, para ser o primeiro e poder acompanhá-la.

— Saio.

Saíram.

— Conhecia bem o Vianello?

— Éramos muito amigos... — Os olhos de Rosabianca procuraram os de Arnolfo e brilharam. Poderia ter acrescentado:

«Vianello gostava de mim. Disse-mo uma vez, sabe? Não, não. Eu era muito amiga dele, mas não o amava.» Poderia ter insistido: «Várias vezes me senti atraída por outros, mas saber que Vianello gostava de mim impedia-me de insistir nesse interesse. Porquê? Não tinha nenhuma obrigação, ele nada exigia. Porquê, pois? Não sei.» Também: «Então Vianello foi preso e...» Aí está: nunca dera por tal... Mas agora que Vianello desaparecera, ei-la que deixa o espírito, os sentimentos, caminharem na direcção de Giovanni, ei-la que não impede, que não evita... — Foram colegas, não? — procura saber, instantes depois.

— Sim. — Passavam por baixo da varanda da senhora do costume, que se debruçou para os ver melhor. — Andei com ele no liceu. Eu vinha transferido de Bolonha. — Enquanto fala, sente nas costas os olhos da senhora do costume. Que imaginaria ela? — Era a primeira aula a que eu assistia cá. Uma aula de História. O mestre falava da morte de César. Vi um rapaz baixinho com os cabelos desalinhados erguer-se e perguntar: «Quem devemos admirar mais: César ou Bruto?» O professor parecia estar habituado às intervenções de Vianello, pois o rapaz baixinho era Vianello — acrescentou, amaciando a voz.

— Baixinho? — disse Rosabianca.

— Era baixo quando o conheci, depois deu um pulo, nem me lembro já quando isso foi.

O peso, ainda, dos olhos da senhora do costume.

— Que lhe respondeu?

— Já não tenho ideia. De resto, deve ser muito difícil, a um professor, responder a certas perguntas mais ou menos políticas. O melhor será fingir que não percebe. Em suma: Vianello disse qualquer coisa como: «César merecia a morte, era um tirano», não sei que mais.

Rosabianca não resistiu a mostrar alguma erudição: — E, no entanto, Bruto era apenas o representante da alta finança, não um democrata... — Felizmente, Arnolfo não a ouviu. E Rosabianca ao mesmo tempo que pronunciava aquelas palavras sem poder evitá-las, sentia-se ridícula.

— Vianello foi sempre assim — disse, para apagar a frase anterior. Mas a frase estava lá, pelo menos para Rosabianca.

— Sempre. De uma vez partiram-lhe a cabeça. Nunca se soube quem foi. Apanharam-no de noite e deram-lhe uma tareia que o forçou a ficar em casa dois dias. Reapareceu no liceu com a cabeça atada, mas, mesmo assim, conseguiu arranjar uma questão com Briganti, que era o mais entusiasta dos jovens fascistas...

— E então?

— É claro que Briganti ficou com um olho negro — respondeu Soldati, satisfeito ainda, tantos anos depois. — Foi no último ano do liceu. E acabou por perdê-lo, prenderam-no na altura dos exames.

Prosseguiram neste tom.

DÉCIMO QUARTO QUADRO

Por isso tinha começado a fumar. Encostara a bicicleta a uma árvore e estendeu-se na erva. Estava cansado e com umas leves dores de cabeça. Dores de cabeça que poderia ignorar se não pensasse nelas; mas não consegue esquecer-se. Sim, tinha começado a fumar para encher aquela solidão quotidiana.

Deitado, as mãos cruzadas atrás da cabeça. E a ver, através dos ramos e das folhas, uma nuvem que lentamente se afastava para norte? para sul? para oeste? para leste? Com um pouco de trabalho talvez pudesse orientar-se, mas valeria a pena? Se fosse de noite, bastaria descobrir a Estrela Polar. Assim, às claras... Durante os equinócios, ao meio-dia, saber onde está o Sol é saber onde está o Sul. Deixa a nuvem seguir o seu destino sem procurar adivinhá-lo. «Sejamos discretos...» Recorda-se: era uma poesia de Giovanni; o tempo em que Giovanni escrevia. O tempo em que Giovanni tinha esperança, o tempo em que Giovanni não desistira ainda. E que estariam a fazer, neste momento, Giovanni ou Rosabianca ou Domenico?

As dores de cabeça. Esquecera-se delas durante algum tempo, mas agora está bem a senti-las. Procura desviar a atenção: venceu! Mas apenas passou de um sofrimento para outro: «Eis-me só.» O desejo de estar com Giovanni, de estar com todos eles, de conversar, de se sentar num café e falar de pequenos nadas. Lembra-se: muitas vezes Fazio lhe dissera: começas a tornar-te estreito,

Leonardo, não pensas noutra coisa, só no fascismo... Sonhas com política. Mas há outras coisas...

— Precisamente por isso, Giovanni. É para podermos vir a pensar noutras coisas que hoje só devemos pensar nestas. — Sim, tivera razão. Mas havia uma certa verdade nas palavras de Giovanni. Sente, subitamente, a falta dessas tantas coisas de que andava esquecido. Desejaria libertar o espírito por um momento, ignorar a luta pela liberdade, ouvir, repousadamente ouvir, a *Sinfonia Pastoral*. Canta mentalmente a *Cena à Beira dum Regato*. Que frescura, que alegria, que juventude! Tentou levar para a garganta aquele canto, mas não conseguiu. Há quanto tempo não ouvia aquilo! Três meses, pelo menos — pensou. Mas há muito também, mesmo quando ainda em Florença, que não a ouvia com ouvidos atentos. Se a escutara, fora distraidamente. Uma tentativa ainda: agora venceu, cantava a música em voz alta. E era como se o cansaço o abandonasse. Lembrou-se de Rosabianca (e ignora totalmente as dores de cabeça, não é? Fez um esforço: ainda teria? Não as consegue distinguir com nitidez e por isso mesmo conclui que ainda as tem). Rosabianca não era exactamente a mulher combativa, de olhar duro, de coragem indomável, que tantas vezes desejara que ela fosse. Não era a *sua* mulher — pensara muitas vezes. Mas, hoje, ali, debaixo daquele pinheiro manso, escuro e fresco, descobriu por que a amava. Rosabianca era assim: o seu amor à liberdade, sem ódio por ninguém, a sua coragem de lutar pela juventude e o seu sorriso, a sua doçura.

Lá em cima, uma pinha. Neste tempo? Levantou-se à procura duma pedra. Não achou nenhuma e teve de se afastar. Descobriu três, mas falhou o alvo. Apanhou-as de novo. Segunda, terceira vez e a pinha caiu. Pegou nela e abriu-a. Recolheu uma porção de pinhões e meteu-os no bolso. Partiu alguns e comeu. Há quanto tempo — pensa — não vinha ao campo mastigar uns pinhões? Como tudo isto é idiota! — conclui. Foi necessário entrar na clandestinidade para descobrir a beleza das coisas! E olhou em volta. É belo, é belo. E limpava as mãos sujas de resina.

Poderia evitar o caminho por Florença. Mas desejou rever Florença, a Florença de quase toda a sua vida, a Florença onde viveu tantos anos, mas que nunca viu verdadeiramente.

De novo na bicicleta. Seria loucura, mas não resistindo à tentação, foi até a Piazza della Signoria. A pé, deu uma volta, entrou na Loggia, viu estrangeiros que não sabiam quem ele era. E ao canto, juntos, caminhando quase de braço dado: Giovanni e Rosabianca. Um instante mínimo: o olhar de Giovanni caiu sobre ele. «Que foi?» — perguntou Rosabianca, adivinhando que qualquer coisa se passava. «Nada, nada» — respondeu.

Leonardo desviara os olhos e Fazio compreendeu que tudo tinha de ser como se nada se houvesse passado. E que nem Rosabianca deveria suspeitar, ele próprio deveria esquecer imediatamente o que vira.

Vianello continuava a caminhar. O encontro com Giovanni revelara-lhe, pela primeira vez, de forma nítida e aflitiva, a extrema loucura, o risco gravíssimo que corria. «Desconheço-te, Vianello. Não és homem para tão inúteis loucuras.» Assim como encontrara Fazio, não poderia encontrar dezenas de inimigos?

Apressou o passo. Sentia-se agora perseguido, observado — sem que soubesse por quem. Pegou na bicicleta e avançou rapidamente. E enquanto pedalava (o esforço avivava-lhe as dores de cabeça), Giovanni e Rosabianca entraram-lhe pela consciência dentro, de mãos dadas. «Amam-se talvez» — pensou.

Sim, abandonar Florença, fugir, tornara-se a sua preocupação. Florença mostrando-lhe que todas as ilusões acerca de Rosabianca estavam perdidas. E a lembrança perfeita de que tivera ilusões. Mas antes, era como se não as tivesse — nessa altura quase não dava por elas. Como as dores de cabeça. Agora sabia que tivera ilusões, que a cabeça lhe doía. «Porque vim aqui? Não fui, como Adão, expulso desta cidade, expulso da vida, expulso do amor, expulso de tudo?» O anjo implacável e sem cor estendia a espada até às costas de Vianello e ele pedalava com fúria, o suor a escorrer pela testa, olhos a arder. Mas não desistiu, acelerou sempre.

E ignora que lá ao fundo, lá bem ao fundo, muito longe, ao fundo, do outro lado do anjo implacável, no fim, no extremo fim da viagem, no limite extremo da estrada, duas espingardas o esperam apontadas contra o peito. Já estarão feitas as balas, estarão feitas as espingardas? Ah, os homens já nasceram.

Estão apontadas.

Não mais: dois tiros secos, apertados, frios.

Estará caído no meio da estrada. Morto. E nos bolsos a polícia apenas encontrará uma mão-cheia de pinhões.

DÉCIMO QUINTO QUADRO

— Enganou-se! Enganou-se! — disse ela, apanhando uma flor azul. — E sabe como se chama? — Tinham vindo à procura das acácias em flor, mas onde estavam as flores que ninguém as via?

— Não sei, Rosabianca. Sou de uma terrível ignorância acerca de flores. De flores, como de muitas coisas mais.

— É uma anémona. — E como Giovanni se mostrasse convencido: — Não, não é. Talvez seja. — Olhava-o bem nos olhos, a ele, que não estava habituado a que o olhassem assim. — Não sei o que é uma anémona, gosto do nome, gosto desta flor. Quem sabe se não será? — Tirou-lhe uma pétala. — Que me diz, Giovanni Fazio?

— Que hei-de dizer? Que é...

Rosabianca arrancou outra pétala:

— Se calhar, é... — E outra pétala ainda, como, quando menina, fazia aos malmequeres. — Se calhar, não... — Outra pétala. — Se calhar, é... — Outra. — Não é... — Outra. — É. Não é. É. Não é... É... É uma anénoma, Giovanni Fazio, uma anémona!

Giovanni pegou na flor sem folhas.

— Agora não é nada — lamentou.

— É uma anémona, é uma anémona. — Palavras ditas numa voz lenta que deu tempo a que uma nuvem cobrisse, e logo descobrisse, toda essa imensidade que é o Sol. Depois, repetiu, olhando para Giovanni: — Enganou-me! Enganou-me! Onde é que foi inventar as acácias? As acácias, se calhar, não têm flor. Não têm flor as acácias — insistiu, mudando a voz. — Enganou-me. Enganou--me! Aqui só há anémonas... — Estacou de súbito, tão de súbito que Giovanni só parou um segundo depois, mais à frente. Rosabianca estendeu-lhe a mão direita e ele estremeceu. — Dê-me a sua mão, Giovanni Fazio. Porque vai tão calado? — Porque ia tão calado? Era como se a alegria, o à-vontade dela, um desembaraço assim, o tornassem ainda mais tímido. Jamais poderia ter aquela juventude, aquela desenvoltura, aquela naturalidade. Disse:

— Há ali uma anémona.

— Não! — Rosabianca fez beicinho. — Não são anémonas. O Giovanni Fazio não sabe descobrir anémonas. São glicínias... — Pausa. — Já viu alguma vez, sabe o que é uma glicínia? — Ele fez sinal que não. — Então é uma glicínia — concluiu Rosabianca, fechando os olhos. Porque ela também não conhecia as glicínias.

— Mas é igual à anémona...

— Eu digo que não. Quer ver? — Apanhou-a e começou a desfolhá-la. — É uma anémona... não é... é... não é... — Faltava uma pétala.

— Vê? — disse ele —, vê que também é uma anémona?

— Não!

— Como não? Pois não lhe falta uma pétala?

Rosabianca observava-o nos olhos e Giovanni sentiu que o mundo era como ela dizia e que tudo o mais era falso. «Dize-me que os teus olhos verdes são negros, que os teus cabelos negros são verdes, que aquelas árvores, ali, são os teus braços e que a morte é apenas uma palavra e que este mundo é eterno e eu acreditarei.» Mas Rosabianca nada disse acerca dos olhos ou dos cabelos, ou dos braços ou da morte.

— Como? Falta uma pétala? — protestou indignada. — Não falta pétala nenhuma.

Giovanni decidira-se a arrancar a pétala que faltava, Rosabianca escondeu-a atrás das costas.

— Dá-ma — pediu.

— Não! — Na frente de Fazio, as duas mãos atrás das costas, as pernas afastadas, debruçada para a frente, numa atitude de menina de doze anos, de menina malcriada, mimenta, de desafio, Rosabianca.

— Dê-me essa flor...

— Apanhe-a se é capaz! Ande...

Tentou alcançar-lhe as costas, nas Rosabianca girava como um pião e Giovanni deu uma volta inteira em torno dela.

— Não se atreve, Giovanni Fazio? — Então Giovanni aproximou-se mais.

Os olhos nos olhos dele, a menina dos olhos verdes recuou. Outra vez Giovanni se desviou para a direita, tentando atacá-la de lado, mas Rosabianca não o perdia de vista e, lentamente, ia rodando. Olhos nos olhos (olhos verdes contra olhos azuis), deram um novo giro. Agora, ocupavam outra vez a posição do princípio.

— E se eu desse outra volta, Rosabianca?

— Sim, daremos outra volta. Enquanto houver voltas no mundo, daremos sempre uma volta. Esgotaremos as voltas que existem no mundo, Giovanni Fazio.

Então, apeteceu a Fazio afagar os cabelos de Rosabianca, desalinhá-los, mas o vento já os tinha desalinhado.

— Sim, outra volta. Giovanni Fazio, aí. Eu, no meio. Atrás de mim, a florzinha sem pétalas.

— Com uma pétala.

— Sem pétalas.

— Sim, dou uma volta. Atenção. Um, dois, três... — Lentamente começaram. Ele dava uma volta mais longa, ela girava em torno dos calcanhares.

— Sabe? — começou Rosabianca. — Estamos a dançar. É uma dança, uma dança, Giovanni Fazio! O senhor está a dançar comigo. — Pôs um dedo na boca, depois espetou-o na testa. — Não — disse —, não é comigo. É com a anémona, a florzinha azul sem pétalas. — Deu um salto brusco e sentou-se no chão, sem medo de sujar o vestido (onde três patinhos azuis meditavam no meio dos juncos). — Oh, que má eu fui, não tenho perdão nenhum. Matei a florzinha sem pétalas, matei a pobre anémona tão bonita, tão gentil... — Olhou para Giovanni. Repetiu: — Oh, que má eu fui, que má eu sou! Matei a pobre florzinha! Sem piedade, sem piedade, uma a uma, lhe arranquei as pétalas. Oh, como deve ter sofrido a pobre florzinha, como deve ter sofrido! — Levantou-se, ajoelhou-se depois, debruçou-se ligeiramente, alisou com muito cuidado o chão, limpou-o de pó, ajeitou a flor. — Ajude-me — disse, sem se voltar. — Vamos tratá-la, Giovanni Fazio. — Ergueu-se, olhou em redor, uma a uma, começou a recolher as pétalas dispersas. Giovanni imitava-a, mas sem êxito, e Rosabianca regressou com as mãos cheias de pétalas ao pé da flor morta. (Deixa-me espalhar essas pétalas pelos teus cabelos, deixa-me beijar os teus cabelos — sonhou Giovanni.) — Vamos juntá-las. Colar-se-ão de novo?

Rosabianca observou-lhe os olhos.

— Para que me engana? O Giovanni Fazio é mau. Enganou-me dizendo que havia acácias, quando não há acácias nenhumas, quer-me enganar dizendo que a infeliz anémona vai renascer...

Giovanni lembrou-se: anémona? Mas a Rosabianca disse que era uma glicínia, chegámos a discutir. É uma glicínia, menina dos olhos verdes, é uma glicínia... É uma glicínia e foi por isso que a desfolhou...

— Deixá-lo! Agora é uma anémona; quero que seja uma anénoma. — Por instantes ficou sem uma palavra. — Não, não, agora não é nada, agora morreu. Morreu, e nós vamos enterrá-la. Oh, um enterro bonito, um enterro de flores. As outras flores virão assistir, porque ela era a mais bela. — Deixou cair as pétalas sobre a flor morta. Giovanni imitou-a. Então Rosabianca ergueu-se. Olhou em volta. — Oh! — exclamou. — Onde estará...?

Mas Giovanni compreendera:

— Sim — adivinhou —, ela tem um apaixonado. Onde estará?

Rosabianca:

— Tenho a certeza que será uma flor vermelha. O vermelho é uma cor bonita e eu tenho a certeza que será uma flor vermelha. E estará aí perto... — Avançam os dois à procura da flor vermelha. — Choraminga Rosabianca. — O ingrato! Enquanto ela morria, que fazia ele? Naturalmente a divertir-se com outras flores... — Encarou Giovanni, bem de frente. — A morte é uma coisa boa. — Preparava-se ele para melhor a observar, quando Rosabianca o interrompeu. — Mas eu gosto de viver! — E então começou a correr pela praia fora. — Onde estás, flor vermelha, onde estás, florzinha vermelha? A tua amada morreu, a tua amada não é mais deste mundo! — Cinquenta metros adiante de Giovanni, que a seguia, parou. — Acredita em tudo isto, Giovanni Fazio? O Giovanni Fazio é uma criança. Ora eu lhe digo e pasme: não há acácias, não há anémonas, não há flores vermelhas. E o Giovanni Fazi acreditou em tudo, com uma cena no cemitério, uma flor vermelha apaixonada não se sabe onde... É uma criança, Giovanni Fazio, uma criança... Afinal, não está do lado das pessoas crescidas!

Giovanni correu ao encontro dela e tomou-lhe a mão.

— Eu não, Rosabianca. Somos ambos. Consigo sou uma criança, consigo, apenas consigo... Não sei, mas sinto-me feliz, e penso que tudo isto é verdade.

Estavam à beira do mar.

— Giovanni Fazio — disse —, olhe esta concha!

— Linda...

— Aquela — e apontou para uma concha vermelha.

Giovanni:

— Quem sabe se não será a apaixonada da anémona?

— Talvez... Que coisa terrível deve ser amar! Eis aqui esta concha que gosta duma flor. Estranho que esta concha possa gostar duma coisa tão diferente como é uma flor! Mas aí está... — De pé, debruçava-se sobre a concha que Giovanni lhe estendia (e enquanto assim se debruçava, Giovanni adivinhou-lhe a doçura do seio e sentiu vontade de beijá-lo). Rosabianca ignorava os desejos de Giovanni (quem poderá jurá-lo?) e dizia:

— Aí está! *Ele* não sabe que a sua amada morreu. Que neste momento está morta, estendida para sempre... Ah, Giovanni Fazio! Como foi isto possível? Esquecemo-nos de falar no enterro dela Nada dissemos Será possível que nada tivéssemos dito, ao menos um *ámen*? — Inclinou-se sobre a flor. — Perdoa! Nem eu nem o Giovanni Fazio te queríamos mal. Perdoa, também conchinha vermelha. Sim, nós não te queríamos mal. Éramos duas crianças que foram brincar à praia. Viemos à procura das acácias em flor, mas elas não existiam e em vez delas apareceste-nos tu. — Olhou para Giovanni. — Que diremos? Que diremos? Oh, Giovanni Fazio, hoje é um dia de loucura. Não há aqui ninguém, ninguém exige que digamos coisas ajuizadas. Para quê as coisas ajuizadas? — Subitamente tornou-se muito grave, corou, voltou à sua cor normal. — Ainda que pense mal de mim — disse —, vou fazer uma coisa muito séria. — Tirou o cinto que lhe apertava a camisola de lã e despiu-a. Sem compreender, Giovanni observava-a. Tirou o resto e estava nua. — Eu sou uma sereia. — Corre em direcção ao mar, mergulha, reaparece, grita: — Faça um gesto de admiração!

Giovanni aproximou-se.

— Será possível? — diz, recuando alguns passos, cheio de espanto. — Mas é uma sereia!

— Oh, onde estou eu? — pergunta a sereia, abrindo muito os olhos. — E quem sois vós? Oh, como é estranho! É isto o mundo? — Observa-o longamente. — Quem sois? — Aproxima-se. Mexe-lhe nos cabelos, dá uma volta em torno dele, enquanto Giovanni a fita nos olhos, lhe evita o corpo. — É a isto que chamarão uma árvore? — pergunta.

— Frio — respondeu ele.

— Uma casa?

— Frio.

— Oh, tu és o Sol?

— Não, não sou o Sol.

— Minhas irmãs, às vezes, liam-me histórias. Falava-se aí de cavalos capazes de dar a volta ao mundo numa noite. Sereis um? Sereis uma estrela? Que é uma estrela? Dize-me: serás tu o amor?

— Sou um homem, sereiazinha.

— Um Homem? Que nome engraçado — disse a Sereia mirando-o muito. — Que é um Homem?

— Ah — diz o Homem —, se preferes eu sou a Lua, ou a linha do horizonte, o voo de uma ave.

— Não — retorquiu a Sereia. — Agrada-me que sejas um Homem. Estranha coisa deve ser essa de ser um Homem! Que é que se sente quando se é Homem?

— Que os teus lábios são vermelhos, que os teus olhos são verdes, que os teus ombros são macios.

— Que engraçado é ser um Homem para sentir coisas assim! Como é que se pode saber a cor dos meus olhos e dos meus lábios? Ainda percebo que se saiba que os meus ombros são macios, mas como a cor dos meus olhos, Homem, se eles é que vêem?

— Não há espelhos no fundo do mar?

— Que é um espelho?

— Uma coisa onde nos vemos como somos.

— Ah! Nós chamamos-lhe palma da mão. E adivinha-se. Mas a minha nunca me mostrou a cor dos olhos e já a dei a ler muitas vezes e nunca ninguém me disse nada. A tua diz-te? Oh mostra, mostra! — Dirige-se a Giovanni, pega-lhe na mão esquerda. — Como é que se lê? Onde está aqui que os meus olhos são verdes, que os meus lábios são vermelhos?

— Leva muito tempo a explicar. Deixa-me tocar com os meus dedos nos teus olhos e saberás. — Toca-lhe nas pálpebras.

— Sim — diz ela —, verdes!

— ...Nos teus lábios...

— Sim — diz ela —, vermelhos...

— ...Nos teus ombros...

— Não, nos ombros não é preciso, Homem. Eu sinto-os. — Com as mãos experimenta os ombros. — Sim, são macios. Mas não preciso agora das tuas mãos para nada! — Fica em silêncio. — Espera, Homem! Dize-me: que é uma Mulher?

— Agora tu és uma Mulher, agora que deixaste o mar.

— Mas eu volto!

— Não podes! Morreste afogada. Estiveste já muito tempo em terra e morreste. Quando uma sereia morre afogada em terra, transforma-se numa Mulher. — Apanha a roupa dela e atira-lha. — Quando te vestires, serás uma Mulher. E mostrar-te-ei o mundo.

— Vale a pena conhecer o mundo? — Mulher agora, ela sentia vergonha da nudez e cobria o corpo.

— Sim, o mundo é bom. A vida é uma coisa muito bela, uma coisa um pouco louca onde sucedem coisas estranhas, mas boa, terrivelmente boa. O mundo é um sítio onde ainda podemos encontrar sereias.

— Sim, onde há estrelas. Não é o que tu és, não era isso, não era uma estrela?

— Homem, Homem...

— Ah, sim. Um Homem.

DÉCIMO SEXTO QUADRO

Não que Soldati tivesse esperado ganhar. Mas a recusa chocava-o. Duplamente o chocava, porque o vencedor fora Briganti. E justo vencedor ou vencedor por motivos políticos? Nem isso podia saber. Para mais, desconhecia o projecto do outro. Imaginava-o assim: um modernismo de fachada; arrojado apenas pelas suas formas estranhas, pretensamente ousadas, cheias de complicação.

Entrou numa papelaria e esperou que o atendessem. Conhecido da casa, não necessitava de lutar pela vez e assistia à manobra de um homem de meia-idade que procurava furar. Adivinhou a intenção e ficou atento, à cautela. O caixeiro mais próximo, precisamente nesse instante, embrulhava uma caixa de papel e pegava no fio com que se dispunha a atá-la. O momento decisivo. Ser o primeiro a dirigir-se-lhe, logo depois da obra terminada. Como dois corredores que aguardam o sinal de partida para se lançarem à conquista do triunfo, Soldati e o outro esperavam, os músculos tensos, a imagem dum «fazia-me o favor» escondida debaixo da língua, pronta a saltar para fora. Mas o juiz da partida não disparou o tiro; voltara-se para Arnolfo Soldati, antes, mesmo, do último nó, e informou-o de que os cartões já estavam prontos. Soldati mandara-os fazer havia talvez uns quinze dias, mas nunca mais lhe dera jeito passar por ali. Enquanto esperava, olhou para o outro, finalmente atendido. Quem sabe? Poderia ser o marido da senhora da janela da frente.

O empregado fora lá dentro. «Como se a arquitectura moderna não fosse a simplicidade, tentativa de corresponder a problemas concretos; como se a arquitectura se limitasse a não ser uma reencarnação do gótico em cimento e lhe bastasse construir, graças a superfícies mais ou menos angulosas, um espaço arbitrário!» Recebeu os cartões de visita, respirou fundo e saiu. Chegando à rua, sentiu-se melhor. «Mas que ideia é esta de fazer discursos a ti mesmo? Pois se nem conheces ainda o projecto de Briganti!»

Olhou: no passeio oposto, Domenico hesitava se deveria ou não aproximar-se. Não. Soldati desviou os olhos, fingiu não dar por ele.

Covardia. Deveria ter olhado, bem de frente, para Domenico, mostrar bem que o vira, mas não queria falar-lhe. «Temos de ser intransigentes, temos de ser intransigentes. Intransigentes, ainda que goste de ti, Domenico.»

Lera nessa manhã o artigo de Domenico: dizia-se um espírito livre e que de modo nenhum poderia aceitar os postulados defendidos por Mussolini; em todo o caso, e baseados nessa mesma liberdade, os intelectuais tinham o dever de prestar o seu concurso à obra do Duce; e queixava-se: «Muitos de nós temos pensado que a total ausência de colaboração se impõe. Tal também a minha opinião durante muito tempo. Mas não significará isso uma traição? Todos somos italianos, todos temos o mesmo ideal de grandeza da Itália. Será justo recusar o nosso esforço num momento de tão grande perigo nacional, quando o estrangeiro espreita as nossas dissenções?

Ora, na verdade, o estado não recusa ouvir-nos se, sinceramente, manifestarmos os nossos pontos de vista, norteados por um desejo de crítica construtiva. Porque persistimos na mesma intransigência?»

Continuava: «Bem sei, esta atitude será verberada por muitos dos que comungam nas minhas crenças. Mas, como espírito livre, como espírito independente, entendo que devo colocar-me acima das mesquinhas ambições individuais. Todos somos italianos, todos somos poucos para continuar a Itália.»

Artigo sibilino, estranho, quase comprometido. «Porque não aceitas a sinceridade de Domenico?», dissera Fazio, pelo telefone, logo de manhã, ao perguntar-lhe se lera o artigo. O erro de Fazio: admitir com demasiada ligeireza a sinceridade dos adversários.

A sinceridade dum lado e o emprego que Briganti lhe arranjara do outro. Esse mesmo Briganti, agora vencedor. Não, não poderia falar-lhe mais. Recorda-se de que, em tempos, fora Domenico o mais insistente em propor o corte de relações com Briganti. E agora...

Briganti.

Precisamente Briganti estava ali. Arnolfo Soldati viera buscar o projecto vencido e Briganti (o vencedor) aparecia-lhe na frente com uma gravata de seda às riscas. Geralmente, Soldati finge não o ver, mas hoje é impossível. Cumprimentaram-se. Cheio de modéstia, Briganti notou que, em seu entender, o projecto de Soldati era o melhor.

— Mas conhece-lo?

Briganti não respondeu, continuou o discurso interrompido:

— Sabes, Soldati? Creio que sacrificas a beleza a objectivos puramente práticos.

Responder que não? Responder que uma coisa é a beleza e outra os cromados, os mármores a esconder o cimento? Não valia a pena. (Mas quem te garantiu, Soldati, que Briganti aprecia os arrebiques sobrepostos? Não estarás a inventar um Briganti que não existe para mascarares a tua derrota? Seja como for, ainda não viste o projecto... E porque não há-de ser melhor do que o teu? Só porque Briganti é fascista?) Garantir-lhe que a beleza o interessava muitíssimo e que, por isso mesmo, alcançá-la era para ele um verdadeiro problema?

Ficou a olhar para Briganti à espera duma resposta («Precisamos de defender o espírito contra a matéria», ou qualquer outra frase do estilo). Mas não.

— Não, Soldati. Eu até concordo com o que disseste. — Sorriu. — Já alguma vez conversaste comigo para saber o que penso acerca da arquitectura e me julgares depois?

Soldati corou, perdendo terreno.

— Fazes de mim uma ideia errada, Soldati. Decretaste que eu era uma besta e que as minhas ideias teriam de ser falsas... — E depois duma pausa sabiamente medida: — Mas penso que as tuas realizações não estão à altura dos teus propósitos.

— E as tuas? — Era um contra-ataque de menino de liceu, Soldati não encontrara outro.

— Talvez... — responde. — Mas tu fazes de mim o que não sou, já reparaste? Lutas contra um fantasma. Isso é realismo, é objectividade?

— Não me interessa discutir contigo — objectou Soldati.

Sentia-se humilhado, incapaz de lutar e de vencer.

— Que resposta para um amigo da inteligência! — Mediam-se olhos nos olhos, Briganti sorridente, Soldati com os maxilares colados um ao outro. — Tens visto Domenico? — disparou-lhe, de súbito.

— Não. Creio que se empregou. Creio mesmo que depois do emprego se espiritualizou bastante.

— Como vocês são injustos! Tentam liquidar um correligionário, só porque se propõe servir de boa fé o Estado.

— Na verdade! — Procurava sorrir ironicamente, dar-se o ar de quem poderia responder, sair vencedor da discussão, mas que, por desprezo, recusava entrar no jogo. (O doloroso sentimento de que o outro era o mais inteligente apesar de não ter razão).

— Sou de facto teu amigo, sabes? — Mudara o tom de voz, dava-se ao luxo de humilhar Soldati, o seu perfil tornava-se ainda mais côncavo. Depois, recomeçou: — Não houve nenhuma transigência da parte de Domenico. — Estavam ambos encostados a uma janela, o único lugar claro naquele corredor escuro. — Que me conste, ele não mudou de ideias, mas esclareceu-se melhor acerca do que somos. Você (antes tratara-o por tu) já procurou verdadeiramente, sinceramente, esclarecer-se?

— Eu não — respondeu. A possibilidade de contra-atacar surgia. — Mas antes de mim, muitos outros tentaram. E ficaram definitivamente esclarecidos: a polícia esclareceu-os. Ou matou-os, como no caso do Ubertti.

Briganti franziu as sobrancelhas com certa ironia. Muito vermelho, Soldati tirara a lapiseira do bolso, brincava com ela entre os dedos.

— Que provas tem você para afirmar uma coisa dessas? — disse Briganti, cada vez mais calmo.

— Não pedimos mais: um inquérito livre...

— E mesmo que assim fosse? — Briganti retomara o tu, contra-atacava, batendo em retirada. — Qual o regime que não praticou os seus crimes? Citas-me algum?

— Tenho de me ir embora — rematou Arnolfo. — Prazer em vê-lo. — Terminar ali a conversa era um modo de a terminar com grandeza, de fugir àquele sentimento de inferioridade que pouco antes o esmagara (mas não é certo, por outro lado, que não soube responder à última pergunta de Briganti?).

— Já reparaste — disse Briganti, ao estender-lhe a mão — que é ridículo vocês acusarem um regime de os perseguir, quando andam à solta dizendo o que querem?

— Todos? Vianello também? — E depois duma pequena pausa: — Não é possível pôr um país inteiro na cadeia. Se fosse...

Aparência de vitória. No fundo do coração, um terrível sentimento de inferioridade, a consciência da superioridade de Briganti, até como arquitecto.

Resolveu então aproveitar a tarde e ir a Poggibonsi, onde construía a mais horrível das vivendas que desde sempre projectara; ou melhor: que por ele haviam projectado os donos. Imaginava Briganti a passar por lá, a perguntar quem era o cretino do arquitecto, a rir-se, com o seu perfil côncavo, a boca irónica. Pagavam-lhe bem e ainda não estava em condições de recusar. «Tudo isto é mesquinho», pensou. E era como se ouvisse Briganti dizer aos amigos: «Soldati desculpa-se com os donos da casa. A verdade é que lhe falta o talento. E quanto às ideias acerca de arquitectura... — via-o sorrir —, dois ou três artigos do Gropius bem estudadinhos...»

«Conheço muito mais...», consigo mesmo dialogou.

E para fechar o pensamento, para aprisionar as ideias irreverentes, os sentimentos incómodos, a má disposição, a sua nulidade, a lembrança de Briganti, de tudo, a própria recordação de Rosabianca, acelerou a marcha. Um olhar para o conta-quilómetros da motocicleta: 120/130. Agora, ignorava tudo o resto. Nada mais existe além da velocidade, da estrada que foge, a atenção, a atenção às pedras, às manchas de óleo inesperadas.

DÉCIMO SÉTIMO QUADRO

Não. Nem uma palavra. Para quê dizerem, exprimirem em palavras o que ambos sabiam? Nem uma palavra.

— Giovanni! — disse Rosabianca.

— Rosabianca! — disse Giovanni.

Olharam um para o outro, felizes.

— Não ouvi uma única palavra do que os meus professores disseram hoje de manhã. Pensava em nós. Pensava em ti, Giovanni.

Em ti. A primeira vez que dizia: *tu*. Não tinham falado nisso, não tinham trocado impressões, qualquer coisa assim (e de que outra maneira havia de ser?): «Vamo-nos tratar por *tu* a partir de hoje?» Não. Nada. Apenas aquele tentilhão de voz gutural, a cantar, e o outro, a responder, lá em cima, entre a folhagem e as faixas isoladas do céu azul. E o pólen brilhante, caindo da flor que o vento agitou. O vento: Fazio soprando, os lábios encolhidos, as bochechas enormes.

— Pareces a menina da capa do *Larousse* — brincou Rosabianca.

Não, nada. Apenas: «Não ouvi uma única palavra do que os meus professores disseram esta manhã. Pensava em nós, pensava em ti, Giovanni.» Apenas. E depois:

— Pensaste alguma vez em mim? — Inclinara a cabeça, desviara os olhos, e os cabelos desceram-lhe sobre a testa. E o seio esquerdo ficou mais alto do que o direito e avolumava-se nos limites firmes do vestido azul, atraindo os olhos de Giovanni; mas não mais do que o outro, quase escondido, invisível, dada a inclinação do corpo, menos tenso, menos agressivo, mas existindo, brando e puro. E também a saia que deixava o joelho nu, macio e redondo.

Tu. Tu pensaste.

— Sim... — Agora vai ser a primeira vez que dirá: tu. — Sim, pensei em ti, Rosabianca. Em ti. — A segunda, a terceira, a quarta: — Em ti. Em ti. — Com a flor sem pólen afagou-lhe o joelho descoberto. Ela sentiu a carícia dos dedos de Giovanni transmitir-se através do caule e da flor pelos canais rasgados pela seiva. Respondeu:

— Em ti. Em ti. Tu. — Dirigia os olhos para as nesgas de céu azul, brilhando lá no alto. «Os teus próprios dedos.»

Por cima do vestido, fez deslizar as pétalas brancas pelo corpo da Rosa branca.

— Tu. — E sentia, através das pétalas, da corola, do cálice, do caule, que o corpo dela lhe entrava pelos dedos dentro. O corpo nu que ele vira, fazia uma semana.

Uma pinha caiu ali adiante.

— Tu — repetiu.

— Sabes, Giovanni? Diz-me: pensaste em mim só no passado ou também no futuro?

— No futuro, mulherzinha.

— No futuro.

Desenhou-lhe o peito com a flor e Rosabianca teve um imperceptível retraimento.

— Tu — limitou-se a dizer.

— Tu — respondeu ele muito baixo, como se fosse a primeira vez. E brandamente acariciou-lhe os lábios com as pétalas brancas.

Então jogou fora a flor; pegou com ambas as mãos nos ombros, subitamente mais pequenos, de Rosabianca, e beijou-lhe a boca.

— É bom dizer tu, é bom beijar-te.

— Sim — respondeu Fazio. — Não pensei em ti só no passado ou no presente, vi-te no futuro. No futuro, compreendes?

— No futuro.

— É bom beijar-te, é bom dizer tu, oh como é maravilhoso dizer tu, como é maravilhoso estar aqui!

— É bom.

— Tu? — perguntou ele.

— Tu — respondeu Rosabianca.

DÉCIMO OITAVO QUADRO

Quando, uma semana depois, ela se encostou ao pedestal de David, ele, de máquina fotográfica em punho, esperou cheio de paciência. Pronto. Aproximou-se e ambos entraram no palácio. Os homens livres — pensa ainda Fazio. E levanta os olhos. Na frente, sorrindo-lhe, Domenico Villani.

— Ainda me conheces?

Fazio baixou a cabeça. Uns instantes sem responder (enquanto o outro permanecia de pé), mas sem pensar em nada, como se tivesse preguiça de falar.

— Ainda te conheço.

— Ainda me posso sentar à tua mesa?

— Porque não?

Domenico:

— Não receias que te vejam comigo?

Fazio:

— Não receias que te vejam comigo?

Domenico:

— Se receasse não me teria aproximado.

— Podes sentar-te.

— Porque me mandas sentar? Por falta de coragem para contigo próprio?

— Podes sentar-te.

Sentou-se. Fazio abriu o jornal que Domenico poisara na mesa. Notícias do estrangeiro. Notícias do interior. A inauguração duma fonte, um pequeno discurso; dum posto dos correios, um grande discurso. A promessa dum porto de pesca, dum porto sem ser de pesca, outras declarações ainda.

— Li os teus artigos — disse Fazio.

— Não costumas ler tal género de literatura.

— Eram teus e portanto li.

— Que pensaste?

Fazio procurou-lhe as meninas dos olhos: pretas, envolvidas por um anel verde.

— Interessa-te saber?

— Sim — responde Domenico. — Interessa-me saber.

— Não acredito numa palavra do que dizes.

— Calculo.

— E tu? — Baixinho começa a assobiar *O mio bambino caro*.

— Porque não? — respondeu, depois de deixar passar alguns momentos. — E é isso que eu me pergunto: tu também podias aceitar, escrever o que ali afirmo.

— Pensa-lo verdadeiramente? (Em boa verdade, grande parte do que Domenico escreveu poderia ser dito por toda a gente. É que as palavras não valem muito por si mesmas, precisamos de saber quem, e em que situação, as profere — pensou Giovanni.)

— És um descrente, Fazio. Aceitas a tese contrária, mas poderias aceitar esta.

— Sou um descrente, sim — acede Fazio. — Não poderei demonstrar-te que tenho razão. Mas sentimentalmente... — Viu o criado dirigir-se à mesa de trás com uma garrafa de *Cinzano*, pôr o guardanapo debaixo do sovaco, tirar a rolha e, muito de alto, deixar que um fio claro escorresse verticalmente na direcção do cálice.

— Um para mim! — Fora um impulso espontâneo. O criado não o ouviu e Giovanni não insiste, o desejo morrera com o acto de o exprimir. Volta-se de novo para o amigo, que tinha uma nódoa na lapela do casaco. — Repugna-me condenar, condenar pessoas à prisão ou condená-las à miséria.

— Converteste-te a Puccini? — perguntou Domenico Villani, notando a insistência do assobio de Giovanni.

— Já me passou a idade de dizer mal do Puccini — respondeu. — Sobretudo quando se trata do *Gianni Schicchi*.

— Quer queiras, quer não, quer eu queira, quer não — continuou Domenico, virando o leme para outro rumo —, a verdade é que os homens não são iguais. Condenas-me por ser realista, por recusar as tuas ilusões? Recusas a minha atitude científica?

— Quando se fala na igualdade dos homens, não se pretende dizer que não há diferenças entre eles, mas sim que devemos respeitar essas diferenças. — Interrompeu-se. — Valerá a pena discutir?

Domenico não insistiu.

— É tão difícil uma visão clara dos problemas... — limita-se a dizer. E depois: — Lembras-te? Aqui mesmo conversámos muitas vezes.

— Estamos a conversar.

— Era diferente.

— Em quê?

— Era.

— Éramos irmãos...

— Agora somos inimigos?

— Não sou teu inimigo.

— E eu sou?

— Tu és meu inimigo.

— Erro, Giovanni.

— Devias ser, pelo menos.

— Devia?

— Para seres coerente.

— Que queres dizer?

— E se fosses coerente não me deverias mandar para a prisão?

— Quem te disse que eu era, por força, coerente?

Fazio encolheu os ombros.

— Deixo-vos a coerência, a ilusão da coerência, Giovanni.

— Sabes, Domenico? Ainda ontem pensei... Lembras-te? Uma vez perguntaste se eu já teria considerado a hipótese de me passar... Dize-me: já pensavas nisso? — Enquanto esperava pela resposta, insistiu muito levemente: *O mio bambino caro...*

— Não. Mas tu convenceste-me...

Giovanni interrompeu a melodia:

— Eu?

— Sim.

— Falas a sério?

— Porque não? Ouve: mesmo que eu fosse um verdadeiro fascista não te mandaria prender; és mais útil à solta...

— Não me recordo exactamente do que disse — responde, enquanto, do outro lado, uma rapariga alta e morena, encostada à estátua de David, espera pela fotografia.

— Recordas-te: não me condenaste. Concordaste que éramos homens sem fibra, que nada fazíamos, tínhamos perdido a consciência. Tu continuas sem ela: eu ganhei-a. Sem essa conversa não me teria decidido — diz, carregando na mesa com as mãos.

— Sabes? Pressenti que pensavas isso. Mas para quê afastar-te dum caminho, se era o teu caminho?

— Não procuraste salvar-me...

— Valeria a pena?

— Estás morto, achaste que não valia a pena. Quem crê, luta sempre...

— Não me recordo do que disse e não adianta discutir. Terias seguido o teu caminho mesmo que procurasse afastar-te. — Uma nuvem larga e negra cobriu o Sol e Giovanni seguiu-a com o olhar; esperando pelo regresso da claridade.

— Sabes? Homens como tu são perigosos, mais para a democracia do que para o fascismo. Se tivesses firmemente condenado a minha deserção, eu teria receio da tua consciência, não teria escrito o que escrevi. É porque sei que não me condenas, que não deixarás de me falar, que fiz o que fiz. O teu poder era maior do que supunhas...

— Sim; há muito tempo que sei. Tenho mais força do que imagino; ainda não tomámos consciência da nossa força e portanto não a empregamos. — Ficaram em silêncio, vendo a mesa inundar-se de sol. — No fundo estou com interesse em assistir à tua carreira. Vais agora triunfar?

— Talvez não. Uma situação política como esta também tem as suas virtudes, pelo menos para quem se lhe opõe: dá a ilusão de que falhámos, não por fraqueza nossa, mas porque nos roubaram a liberdade.

— Dizes bem. Mas que isso não te iluda acerca de ti mesmo, ainda que triunfes. Eu pouco sou, mas, pelo menos, ficaste livre duma coisa: da minha concorrência — acrescenta com um sorriso benévolo.

De novo o silêncio.

DÉCIMO NONO QUADRO

Sentada com um livro aberto nos joelhos. Há meia hora nessa posição, quase sem ler, quase sem pensar. Atenta, por vezes, aos ruídos longínquos ou aos pássaros que se baloiçam nos ramos duma roseira nua. Depois, os passos do pai, que pareciam encaminhá-lo para o quarto de banho, mas que param em frente da porta. «Dás licença, Rosa Escarlate?»

— O pai? — disse, admirada. Desde quando ele não a visitava ali no quarto? E sentiu-se feliz. — Que bom, o pai ter-me vindo procurar. Chega a casa e vai sempre para o escritório. Como estou satisfeita! — repete com os olhos muito brilhantes.

O pai sentou-se numa cadeira. Não já a velha cadeira em que dantes se sentava (que seria feito dela?) mas outra. Observando os quadros da parede.

— Matisse e Macke na cidade de Leonardo — comenta a rir.

— Não gosta?

Tirou um cigarro da carteira, mas lembrando-se de que ia encher de fumo o quarto da filha desistiu.

Rosabianca mirava-o, sem uma palavra. Estaria ali porquê? Os cabelos esbranquiçados, a testa enrugada e aquele seu permanente ar de cansaço.

— O pai já vai tendo os seus cabelos brancos...

— Deves estar enganada...

Aproximando-se, Rosabianca beija-lhe os cabelos. Recorda o tempo em que se sentava ao colo do pai. Ele também recorda. Incrível! Aquela menininha que dantes ia esperá-lo à janela, abria a porta, que se sentava nos joelhos, estava agora ali e era já uma mulher. Ainda se acolherá ao meu colo? — pensa, por um momento. E Rosabianca: «sim, vou sentar-me ao teu colo, meu pai, vou abraçar-te como dantes fazia». Mas limita-se a passar-lhe as mãos pelos cabelos.

— Sabes o que me trouxe aqui?

— Teve saudades — responde Rosabianca. Vai buscar um banco e senta-se em frente do pai, num plano bastante mais baixo. Vendo-o calado, repete:

— Teve saudades de mim, lembrou-se de que nunca mais quis saber da sua filha e veio, de novo, descobri-la... E, entretanto, repara: mas ela cresceu!

Sem querer, ele poisou os olhos no peito de Rosabianca, depois nos ombros, depois nos sapatos por engraxar.

— E tu tens-me procurado?

— O pai anda sempre com um ar tão ocupado...

— Há sempre tempo para ouvir uma filha, se ela quiser... Não, Rosabianca, não me procuras. E mesmo quando, como no domingo passado, visitámos o teu tio, foi como se não estivéssemos juntos. Que me disseste tu?

— Que me disse o pai?

Ele hesitou. Estava ainda mais cansado do que habitualmente.

— Não reparas, Rosabianca. Mas tu é que me puseste de parte. Querias que fosse pedir-te: «Rosabianca, minha filha, vem conversar comigo; porque estás sempre com pressa de me deixar, porque conversas tu com os outros e comigo não?» Esperava que adivinhasses...

Rosabianca ouvia-o em silêncio, os olhos no chão.

Ele prosseguia:

— Não te critico. Fiz o mesmo.

Desejaria dizer-lhe: desculpe, meu pai, isso não voltará a suceder. Mas seria ridículo, pensou, dizê-lo agora.

— Por exemplo, Rosabianca, e é o que hoje me traz aqui. Mostraram-me uns folhetos contra as recentes prisões. Entre os signatários estava o teu nome.

— Procedi mal?

Ele acabou por tirar o cigarro e acendê-lo. Quinze anos antes, assinara qualquer coisa naquele género. E de que valera? «Incrível — pensou, subitamente —, incrível! Como pudera supor que uns milhares de assinaturas tivessem importância na marcha do mundo? Incrível!»

— Se te critico... — começou, voltando-se para Rosabianca (e descobrindo que ela tinha ido ao cabeleireiro). — Não sei minha filha, mas receio por ti. Sabes que não tenho dinheiro, aquilo que ganho gasta-se; para mais, com a doença da tua mãe... Sou certamente um mau pai porque nada ou pouco te deixo, mas agora pouco interessa falar disso. É contigo que terás de contar. E imaginas os obstáculos que estás a erguer no teu futuro?

— No futuro não existirá o fascismo.

— Oiço dizer isso desde 22 e já não acredito. Existirá. — Lembrou-se outra vez do manifesto que assinara. Trouxera-lho o Andrea, semanas antes de partir para as ilhas Lipari. — Salvo se uma guerra nos salvar. Mas não, não acredito. O Mussolini é suficientemente esperto para jogar na carta da neutralidade e mesmo que a Alemanha perca...

— Perderá.

— Os aliados vinham desalojá-lo do poder, não? Que lhes importa...? Comprá-los-ia de qualquer maneira quando começasse a ser evidente a derrota da Alemanha. Umas bases na Líbia, por exemplo, a influência junto da Espanha ou qualquer coisa assim. Não, está de pedra e cal, e os discípulos ainda são piores.

— Quando morrer, comem-se uns aos outros, pai. Ele não tem um único discípulo de categoria, nem sequer soube criar discípulos com uma certa inteligência. Salvo um, talvez, mas ninguém no partido gosta dele. E seria ainda pior para nós, é mais esperto. Manteria o fascismo, mas disfarçando-o...

Inclina-se para Rosabianca e pega-lhe no queixo.

— É o desejo que te faz falar, minha filha. Não, jamais alcançaremos a liberdade. No nosso tempo, com uma tal organização policial e militar, não é possível. Dantes uma revolução era fácil; hoje é impossível.

— Condena-me, pai?

Ele hesita.

— Não, não posso condenar-te, minha filha. Aviso-te. Peço-te que penses bem, não te arrisques por nada, que penses um pouco mais em ti e no teu futuro. Mas não te condeno. Como poderia, em nome de quê posso condenar-te?

Rosabianca abraça-o. O pai tinha os olhos humedecidos.

— Tonto! — diz, enxugando-lhe as lágrimas. — Ainda havemos de ser todos muito felizes e livres. — Beija-lhe de novo os cabelos. — Sabe, meu pai? Vou dizer uma coisa, e vê como converso consigo, como conversarei sempre consigo, como não tenho pressa? Estou apaixonada...

— Ah!

— Estou.

— Ele gosta de ti?

— Gosta, meu pai.

— Tu gostas dele?

— Que pergunta! Pois se acabo de dizer que estou apaixonada...

Quem era, o que fazia?

— Aí tens — diz. — Um homem sem futuro, um homem de mal com eles.

— Condena-me pai?

Levantou-se, deu uma espreitadela para fora (os pássaros baloiçando-se nos ramos duma roseira nua) e abriu a porta.

— Tenho confiança em ti. — Pausa. — Mostraram-me hoje esse tal papel. Tinha o dever de te avisar. — Hesitou outra vez. — Sinto-me feliz por teres fé em alguma coisa e em alguém — conclui. E fechou rapidamente a porta.

Rosabianca, que permanecera sentada, ergueu-se dum salto.

— Pai! — diz, ganhando o corredor.

Ele voltou-se. Rosabianca abraça-o.

— Pai — repete-lhe baixinho. — Nunca mais deixaremos de conversar, de ser amigos. Vem visitar-me muitas vezes ao meu quarto, não vem?

— E tu vais muitas vezes ao meu escritório...

— Sim — diz ela —, irei muitas vezes bater à porta do seu escritório.

VIGÉSIMO QUADRO

O que é estranho, espantosamente estranho — pensa Domenico —, é que vinte e cinco anos de vida não garantam o futuro e possam ser anulados em um minuto; é que uma soma incontável de gestos positivos possam ser apagados por um só movimento. Eis a dificuldade: estamos aqui, estamos todos aqui e supomos que somos isto ou aquilo. Supomos e os outros supõem; os outros, ainda mais do que nós. Estamos catalogados, estamos empalhados dentro duma redoma de vidro, mergulhados num frasco com álcool, isolados de tudo e com um rótulo debaixo dos pés. O rótulo puseram-no os outros; nós consentimos, acomodámo-nos e vamos vivendo com ele. Mas tudo pode desfazer-se dum momento para o outro. Sei o que fui, sei ainda o que sou. Mas tal não contribui em nada para o que serei. Um só gesto e os outros vêm ao museu onde estamos embalsamados, arrancam-nos o rótulo, não querem mais saber de nós, dizem que traímos. O que fomos? O que ainda ontem fomos? Os gestos que fizemos? Não. Não querem saber. Podem ter sido gestos da mais espantosa pureza, que em nada contribuem para que os outros nos perdoem. Pelo contrário. Esses gestos, pela sua própria beleza, mais ainda nos condenam, mais ainda nos enterram.

E no entanto — continuou Domenico — eu sou o mesmo. Como pode Soldati condenar-me? Estava desempregado como eu. Afirmei alguma coisa que não possa ser dita por todos?

Suspendera o trabalho por uns instantes, poisara a caneta.

— Sim, admitindo mesmo que tivesse traído. «Quem, desde que não tenha passado por uma situação de desemprego semelhante à minha, pode acusar-me? Como sabem eles que nunca trairão para assim me condenarem?» Olhava com dificuldade aquelas colunas de números para somar. «Não, não traí» — repete. — «Eu sou o mesmo.» Não tinha ali um espelho, mas sabia que era o mesmo. Dentro de sete anos as células do corpo serão outras, o corpo será outro. «Que, nesse dia, possam dizer que não sou o mesmo... Mas agora? Agora, cinco semanas passadas...?»

O mesmo.

Procura na memória, faz um balanço de todos os seus sentimentos, presentes e passados. Precisamente: ele, Domenico Villani, o mesmo.

Recomeça as contas. Segue cheio de atenção por aquela escada de números e, agora, não é ele, agora, sim, é outro ou não é nada; uma máquina de somar e pouco mais. Volta a página. O mesmo. O mesmo amor por Piero della Francesca ou por Uccello. O mesmo desejo de ir sentar-se em frente da *Batalha de San Romano*. O mesmo amor por Thomas Mann, o mesmo interesse por Hindemith ou Dallapiccola. O mesmo, tudo o mesmo.

Poderá procurar nos escaninhos mais afastados da memória, nada de novo achará. O mesmo; mesmíssimo! Aquele prazer de tomar café depois do almoço (nos últimos tempos, para não gastar dinheiro em inutilidades, não bebia café); os mesmos desejos, os mesmos hábitos. Continua a gostar de ver da janela do quarto a miudagem a brincar às escondidas. Continua a gostar de ouvir bater a chuva nas vidraças, continua a gostar de conversar, de dar grandes passeios a pé. Continua a gostar dum bife tenro, de laranjas, de queijo, de batatas fritas, dum bom vinho. Continua a não gostar de peixe, a apreciar pouco a hortaliça, a gostar de uma boa fita de cinema. Não gostava dantes, e não gosta ainda, de sapatos em bico ou com solas de borracha.

O mesmo.

Precisamente o mesmo.

Não, não, os outros não têm razão, não podem ter razão Eu sei melhor do que ninguém.

VIGÉSIMO PRIMEIRO QUADRO

O primeiro a sair de casa foi Giovanni. Tinha combinado encontrar-se com Rosabianca, a não ser que não conseguisse despachar-se a tempo. Uma maçada: convencer *J. Fargo & C.º* a continuar a preferir o material eléctrico vendido pelo pai. Depois saiu Renatta. Não tencionava passear naquela tarde, tinha exame daí a uma semana, mas estava um dia tão bonito que não pôde resistir. E saiu ao acaso, mas disposta a atravessar o Arno. Dez minutos depois de Renatta, saiu Soldati. A mãe fazia anos no dia seguinte e adiante do Ponte Vecchio havia uma casa de cerâmicas com muitas coisas por onde escolher. Não se passara ainda um quarto de hora e já Rosabianca descia, vagarosamente, as escadas, escorregando a mão pelo corrimão macio. Somente os dedos! — e, no entanto, como seria bom deixar-se escorregar ela mesma e brincar! Pensava em Giovanni. Conseguiria ele despachar-se a tempo? Giovanni não fora logo recebido. Enquanto esperava, encostou-se à varanda e olhou a rua. De uma janela vinha uma música muito antiga; não música de rádio — uma música soando a cana rachada, música de grafonola, música muito velha, música da sua adolescência; a orquestra de Jelly Roll Morton, a de Fletcher Henderson? Talvez outra. A janela fechara-se, o resto perdeu-se, deixando nele uma terrível impressão de vazio.

Então Rosabianca cruzou-se com Renatta. «Para onde vais?», disse esta. Rosabianca não teve coragem de confessar que ia ter com Giovanni, que preferia portanto continuar só.

Soldati nada encontrou que lhe agradasse, nada comprou, e resolveu dar um pulo ao Palácio Pitti. Mas olhando o palácio, sentiu o desejo de ver árvores, de ver flores, trocou-o pelo jardim.

Pensava até em Rosabianca, em Rosabianca e em Flora, quando ouviu, atrás, uma voz conhecida, a chamá-lo. Olhou e primeiro viu Flora, depois Rosabianca.

— Como tem passado?

— Não viu o Giovanni? — limitou-se Rosabianca a responder.

Evitando o olhar de Flora, Soldati ajeitou a gravata. — Vira, sim, mas pela manhã. Nesta altura, Renatta perguntou: — «Ah, vens encontrar-te com Fazio?» — E Rosabianca: — «Não tem importância.»

— A que horas vinha ele? — Soldati procurava evitar o silêncio, mas não sabia como proceder: despedir- se ou ficar?

— Não se conhecem? — perguntou Rosabianca.

Durante todo esse tempo Renatta não o perdera de vista e ele sentira-lhe a força dos olhos. Pela primeira vez fitou-a de frente.

— Sim, de vista.

— Não tenho ideia — mentiu Renatta.

Soldati espreitou para os olhos de Rosabianca, mas estavam longe. De novo os poisou em Flora. Impossível que ela não o tivesse reconhecido, impossível que nunca tivesse dado por ele. Acrescenta:

— Vi-a uma ou duas vezes...

— Não tenho ideia. — Uma voz agressiva.

Avançaram alguns passos. A chuva do dia anterior lavara as folhas verdes das árvores, o azul, o vermelho e o amarelo das flores.

— Como está bonito! — disse Renatta.

Rosabianca repetiu as palavras de Giovanni e, repetindo as palavras de Giovanni, eram as palavras de Soldati que repetia:

— Há aqui qualquer coisa de artificial... Isto é a natureza, isto são as flores, árvores... Mas foi tudo feito pelos homens, não é a natureza, é o próprio homem. Vivemos fechados em cidades feitas por nós e...

Soldati era ingénuo. Reconhecia-se naquelas palavras de Rosabianca, achava nelas a prova de que haviam sido feitos um para o outro.

— Não são flores naturais. São flores domadas pelo bicho-homem. — Agarrou-se àquela imagem que nunca lhe tinha ocorrido: — Domadas, amestradas como as focas, prontas a fazer habilidades para nós vermos. — E mostrava a geometria dos buxos.

Por um momento, Renatta participou na conversa:

— Sim, só falta dar-lhes um carapau no fim do número.

— E dão. É o estrume.

Mas Renatta recolhera-se à sua concha.

Embora fosse proibido, Rosabianca apanhou uma folha. «Para Giovanni», pensou Soldati, apanhando outra. «Para quem?» Não se atrevera a olhar para a Renatta, mas era como se a Rosabianca lhe desaparecesse do espírito, deixasse de ser Flora. E a Renatta voltasse a sê-lo.

Continuaram a avançar.

— Sempre é verdade que o Duce está doente?

Arnolfo sondou os olhos de Renatta e respondeu que sim. Que, desta vez, era verdade. Até tinham sondado Camerini, o famoso cirurgião de Nápoles, mas este preferira não o operar. Adversário do regime, receava que um malogro pudesse ser mal interpretado.

— Se ele morrer? — perguntou Rosabianca. — Que sucederá?

— Seria o fim. Que discípulos fez ele? Eis uma feliz imprevidência: não soube criar discípulos inteligentes. Sempre que alguém começa a revelar-se corta-lhe a carreira. O seu brilho é incompatível com o dos outros. E, portanto, o fascismo desaparecerá com ele, é ele que dá uma certa unidade ao partido. Quando morrer, as diversas facções vão devorar-se umas às outras...

Rosabianca sentia-se feliz por ouvir aquelas palavras, tão feliz como se fosse a primeira vez a ouvi-las, tão feliz como se nunca tivesse pensado assim.

Renatta, agressiva:

— Não é ridículo confiarmos na fraqueza do inimigo? Passamos a vida à espera da guerra ou da doença. Mas somos incapazes de agir. Passamos o tempo à espera de qualquer coisa, com uma condição: que essa qualquer coisa não sejamos nós. A guerra, a doença..., tudo, desde que não sejamos nós.

Sentados nuns degraus contemplam as mamãs a costurar, enquanto os filhos brincam.

— Viram o Café Lino? — Soldati procurava mudar de assunto, chocado com a violência de Renatta. — Parece-me uma pequena obra-prima...

— Ouvi falar — disse Rosabianca.

— Não, não — objectou Renatta, apaixonadamente. — Fui lá ontem à noite com o meu pai. A iluminação é péssima. Parece uma câmara funerária.

— Uma câmara funerária, como? É cheio de cores vivas.

— Uma câmara funerária com cores vivas... Falta o ar, sufoca-se.

Rosabianca consultou o relógio, Fazio imitou-a. E ambos perceberam que a tarde estava perdida. Impossível verem-se!

— Sim — diz Rosabianca —, parecem amestradas como as focas.

— Só falta dar-lhes um carapau depois de completado o número — comenta Arnolfo Soldati, procurando ganhar as boas graças de Renatta.

— É o estrume — diz Renatta, entrando no jogo.

Rosabianca:

— Estive ontem com o professor Severini

— Um professor de francês, um professor baixinho? — perguntou Soldati.

— Muito baixo, não.

— Ele muito baixo não seria, a mulher sim.

— É esse — respondeu a rir.

— Conhece-o bem?

— Quê? Está a ver se pode dizer mal?

Renatta atirava pedras a um alvo imaginário situado entre dois arbustos.

— Mal, não...

— Conheço-o bem, é um amigo de família. Acho-o muito simpático e é muito culto. Mas que tal era ele como professor?

— Já está reformado?

— Sim, há um ou dois anos.

— Bem, grande professor não seria. Pelo menos não ligava às aulas, bastava-lhe que estivéssemos calados, o resto pouco lhe interessava...

— Foi meu professor — diz Renatta, continuando a atirar pedras. Levantara-se para ir apanhar uma outra ainda maior e, pelo caminho, arranjou mais duas. — Gostei dele, aprendi muito com ele.

Soldati não insistiu. E, no entanto, tinha a certeza de que Renatta o olhara de modo bem diferente antes de se conhecerem. Por seu lado, ela sentia o desejo de ser amável com Soldati, mas não conseguia, as palavras que lhe vinham à boca eram precisamente as palavras que queria calar. Rosabianca estranhou Renatta.

— Vocês já se conheciam? — disse, desconfiada.

VIGÉSIMO SEGUNDO QUADRO

Tal-qual: outra vez o acaso. Com os olhos no passeio, caminhando lentamente, um cheiro de tabaco a impregnar-lhe a roupa, Renatta vinha de assistir a uma reunião por causa dos estudantes que continuavam presos sem culpa formada. Fora decidido levar-lhes todos os dias alimentos, tabaco e roupas. E chegara-se também a um acordo quanto a um novo protesto. Redigira-se uma carta exigindo a libertação imediata de todos. «Uma tal exigência — observara Rosabianca — não prejudicará a situação dos presos? A polícia não ficará ainda menos disposta a libertá-los, para não se dizer que fraquejou perante a opinião pública, perante a rua, como eles dizem?» Discussão bastante viva. Renatta mantivera-se em silêncio (obrigava-a a falar diante de três ou quatro pessoas, um grande esforço, embora conseguisse geralmente dominar a timidez). Hoje fora diferente. Achara a discussão inútil. O que interessava não era libertá-los, mas agitar a opinião pública para o homem comum saber que ainda havia quem lutasse, quem tivesse coragem de continuar o combate. Evitar que os homens se acomodassem à ideia da inevitável e eterna tirania. Renatta nada dissera, mas Vittorio falou.

— Em relação aos presos, isso não será cruel? — insistira Rosabianca.

Não foi Vittorio quem respondeu, mas um rapaz baixinho, que nem Renatta nem Rosabianca se lembravam de ter visto em outras reuniões. Falava numa voz lenta e nunca olhava de frente as pessoas.

— Eles agradecer-nos-ão — disse. — Essa, a utilidade das prisões. Permita-me que lhe diga: é conveniente haver presos, para se intensificar o nosso espírito reivindicativo. A maior parte de nós, quando tudo corre calmo, tende a ignorar que vive num estado de força.

Renatta observava Rosabianca e Rosabianca observava os móveis da casa. Reuniam-se num quarto de jantar mobilado à antiga, um tudo-nada parecido com o do avô.

— É preciso que eles nos prendam (continuava o rapaz baixinho que ninguém, salvo Vittorio, conhecia) para que nunca nos esqueçamos...

Rosabianca sentiu os olhos hostis de Vittorio. «Como se a nossa única razão de ser fosse a luta — pensou — e essa razão de ser desaparecesse se eles não fossem demónios.»

— É necessário que eles sejam demónios? — diz, inconscientemente.

— Demónios? — repete Vittorio. E o rapaz baixinho olhou-a com dureza.

— Sim, têm razão — aceitou Rosabianca. Nunca se atrevia a discutir até ao fim. — Têm razão — esforçou-se por pensar. — Têm razão — pensou.

— Por muito triste que seja — interveio Renatta —, a verdade é que muitas vezes há necessidade de fazer mártires. Precisamos deles para as nossas bandeiras.

— É terrível, mas inevitável! — acrescentou Vittorio, aprovando as palavras de Renatta.

— Os casos particulares são muito respeitáveis, mas o problema geral... — começou Guido, um rapaz loiro que dizia sempre que sim.

— Claro, claro — aprovou Rafaelo, um rapaz moreno que às vezes dizia que não.

— É do sacrifício de cada um... — insistiu Guido, o rapaz loiro que Rosabianca considerava estúpido.

— Todos concordaram então, mesmo a Rosabianca — concluiu Vittorio, virando-se para ela. Mas Rosabianca olhava o candeeiro e contava o número de pingentes azuis: seis, sete, oito.

— Não é verdade? — disse Vittorio. Clara tocou no ombro de Rosabianca.

— Sim, sim — rendeu-se, não por concordar, mas por falta de coragem para manter a discussão.

Vittorio insistiu: deveria ser Rosabianca a redigir o manifesto. «Como você escreve bem...» Rosabianca percebeu: das outras vezes não tinham descoberto os seus dotes estilísticos; hoje queriam que fosse ela para mais fortemente se sentir ligada a uma decisão que lhe desagradava. «Eis — pensou — um exercício de humildade, de cristianíssima humildade.»

Renatta saiu.

Sim, isso mesmo: o acaso. Ainda que procurassem fingir que não se haviam visto, era impossível. Olharam um para o outro distraidamente primeiro, depois atentos. Renatta e Soldati. Por sinal, Arnolfo vinha a pensar na senhora da janela em frente. «Um dia destes espero pela tua saída e depois meto conversa...»

— Que tem feito? — perguntou Soldati com o melhor dos sorrisos, receoso de que aqueles pensamentos lhe transparecessem no rosto.

— Nada de especial. E o Soldati? — Não a má vontade de dois dias antes. Outra voz, outros olhos.

— Que coincidência!

— Feliz ou infeliz?

— Não sei. Depende... Continua a achar que o Severini lhe ensinou muitas coisas?

Renatta deu uma gargalhada. — Não, não. Foi um professor péssimo... — Soldati riu-se também.

Parados no passeio, tinham-se abrigado no vão duma porta, para não incomodarem quem passava.

Renatta sentia uma extrema felicidade por estar ali, longe daquela terrível sala cheia de gente e de fumo de tabaco.

— Para onde segue, pode saber-se? — pergunta Soldati.

— Porque não? Para casa.

Soldati finge consultar o relógio.

— Ainda tenho tempo — diz, simulando uma certa pressa. — Se me permite, acompanho-a um bocado. Passei o dia a trabalhar — era verdade — e faz-me bem um pouco de conversa; não lhe sucede muitas vezes o mesmo?

Renatta admirava-se: se tivesse visto Soldati de longe, momentos antes de chegarem à fala, a sua atitude teria sido completamente outra, rígida, fria, insociável. Apanhada de surpresa, reagira espontaneamente. E Soldati... O próprio facto de ter passado um dia inteiro sem falar, debruçado sobre o estirador, partido em dois, dava-lhe agora uma fúria, uma facilidade de palavra, de expressão directa de sentimentos muito raros nele.

— É verdade que nunca me tinha visto?

Tudo natural, quase previsível, sentia Renata. E foi sincera: Vira-o muitas vezes.

— Não me enganei então — afirmou ele. — Sabe? Não sei porque foi, mas disse de mim para mim que gostaria de conhecê-la. E pareceu-me que consigo sucedera a mesma coisa... — Ela ia para falar, mas Soldati deteve-a. — Não me interrompa — continua, impondo com os dedos um gesto de silêncio —, não importa que esta minha impressão seja falsa, interessa é que eu...

— Era verdadeira. Eu também desejava conhecê-lo.

— Curioso! Porque será? Eu não a conhecia; só de a ver, como é possível esse interesse? E note: não era por causa da sua beleza.

— Não sou bonita.

— É, mas não importa. O que conta é isto: porque desejei conhecê-la?

— Porque desejei conhecê-lo?

Renatta ergueu o braço e cheirou a manga: um terrível cheiro de tabaco, o tabaco trazido daquela sala de jantar onde Rosabianca decerto ainda agora está.

— Já sei que recusaram o seu projecto. — Acrescenta: — Era de prever...

Ele consentiu que fora por motivos políticos. — Mas não falemos de coisas tristes — acrescenta, um tudo-nada envergonhado.

Até que Renatta diz:

— Moro aqui.

— Uma coisa... — começou Arnolfo Soldati, depois dum momento de silêncio. — Porque estava assim no outro dia? Pausa. — Não interessa...

Ela diz:

— Porque estou assim hoje?

Não a ouviu. Continuou:

— Quando a via na rua, pensei muitas vezes: sou capaz de gostar daquela rapariga. — Olhou Renatta, os cabelos curtos, castanhos, a boca vermelha. — Gostaria de conhecê-la para saber se seria verdade.

— Agora conhece-me.

— Agora conheço-a. — Ficaram calados e Soldati ergueu os olhos para a casa de Renatta.

— O seu quarto é aquele? — disse, apontando uma janela.

— Como sabe?

Ele encolheu os ombros.

— Agora conheço-a — repetiu.

— E vai ver se poderá gostar de mim?

— Vou.

— Está bem, Soldati. Eu também irei ver se posso gostar de si.

VIGÉSIMO TERCEIRO QUADRO

Ana poderia então dizer:

— É verdade o que me afirmaste da outra vez?

— Que te disse eu? — perguntaria Giovanni.

— Que seria terrível se tivesses casado comigo porque então não seria fácil encontrares a Rosabianca.

— É verdade.

— E continuas a gostar dela?

— Continuo, Ana.

— E sentes que nunca mais poderás gostar de outra mulher?

— Sinto.

— Deveras?

— Não sei.

— Vais casar com a Rosabianca

— Não sei, não sei. Amo a Rosabianca, mas às vezes penso que isso não significa que seja incapaz de amar outra ou outras ao mesmo tempo.

— Que esperas da Rosabianca?

Aqui Giovanni hesitaria longamente.

— Esta noite voltei a sonhar que salvei do fogo uma menina com cabelos verdes. Nunca te contei?

— Serias capaz de voltar a gostar de mim, Giovanni

— Não.

— Serás um dia capaz de voltar a gostar da Rosabianca?

— Que queres dizer?

— Que não tenhas ilusões, Giovanni. Dentro de dois meses as tuas hesitações serão ainda maiores. E, de repente, descobrirás que deixaste de a amar. Não saberás quando foi, mas será assim. E verás então: o que sempre te interessa não é o amor conquistado, mas o esforço para o conquistares. Ou melhor: amas o momento em que o amor se inicia, é a infância do amor que tu amas, as hesitações do princípio. Porque não te fazes alpinista?

— Não, não é verdade. Amo a Rosabianca, nunca poderei deixar de gostar dela.

Mas Ana limitava-se a observar o balanço dos barcos no rectângulo negro do Vieux-Port, ele tomava um café em frente do Palazzo Vecchio.

VIGÉSIMO QUARTO QUADRO

Abriu a porta e passou os olhos pelo quarto. Não tinha muito que ver: uma mesa redonda ao centro da sala, um napperon e uma jarra com flores de papel. Junto da mesa, os óculos no nariz, a mãe cerzia as meias. E a irmã, com um livro aberto, sentada no outro lado.

Disse boa noite e pôs em frente da mãe o dinheiro: todo ou quase todo; ainda chegara a pensar na compra duma camisa, as dele estavam na última, mas desistira. «Aqui tem», disse, e esperou um sorriso. Pela primeira vez, Clara levantou os olhos: levou-os na direcção do sobrescrito, depois na direcção da mãe, por fim ao encontro de Domenico.

— Não aceite esse dinheiro, minha mãe — disse. Aquele mês inteiro sem uma palavra, aquele mês inteiro de silêncio, e eis agora o fim do silêncio.

— Filha! — dissera a mãe, encarando-a primeiro; observando, em seguida, Domenico.

— Não aceite esse dinheiro.

Ouviu-se uma travagem brusca, o ruído metálico dum choque, o tilintar de vidros partidos, e vozes irritadas entraram pela janela.

Domenico estava de pé, sem uma palavra. Nunca houvera entre eles grande harmonia, mas hoje era diferente. Já em crianças quando um tinha uma opinião, logo o outro discordava.

A mãe pegara no dinheiro e as vozes da rua cresciam.

— Se recebe esse dinheiro, saio de casa — insistiu Clara. Tinha fechado o livro, evitava o olhar de Domenico. «Não diga isso...», ouviu ele dizer lá em baixo. «Eu vinha em velocidade moderada.»

— Porque estão vocês a discutir? — perguntou a mãe, como se aquilo fosse a continuação das discussões antigas. Mas não era. E Clara repetiu:

— Saio de casa.

«Ora vamos então lá a saber», disseram na rua.

Domenico poderia acrescentar muitas coisas. Escolher o tom dramático, o tom irónico, o tom indiferente.

Meia dúzia de palavras pronunciadas. Mas a mãe chorava, desamparada, só. E nenhum dos filhos se aproximou dela: ele de pé, olhando para Clara; Clara sentada, fitando a parede, o livro fechado. Ao canto, só, esquecida e chorosa, a mãe: cinquenta e sete anos, viúva desde 1924. Viúva; Paolo morrera num combate entre fascistas e socialistas em San Gimignamo. Sozinha criara os filhos. Estavam ali crescidos, vivos — um sentado, o outro de pé. E ela, a um canto, chorava. Poisara o ovo de costura e chorava. A sua vida tinha apenas um sentido, nunca tivera outro sentido, porque nunca amara Paolo: aqueles filhos.

Mas chorava sem que eles se preocupassem. Poderiam fugir à discussão por amor dela. Nem tanto. Um deles poderia aproximar-se. «Não chore, minha mãe.» Não, nada. Frios. Um pequeno gesto de amor, de ternura, em paga dos mil gestos que lhes deu. Nada, nada. Eram dois. Um, pelo menos, poderia — pode, vai aproximar-se dirige-se já para ela, está muito perto: «Não chore, minha mãe, eu estou ao pé de si.» São dois; um pelo menos dirá, está a dizer essas palavras. Não, nada.

«Mas não vê...», gritava-se lá em baixo.

— Porque não se vão embora os dois?

«Quem disse que...»

Que estavam ali a fazer? Porque não a deixavam? — Não os quero na minha frente Saiam, saiam, oh, deixem-me, saiam, saiam! — gritou-lhes. Levanta-se, aproxima-se de Clara («A culpa», disseram na rua). Agita-a pelos ombros. Que se fosse embora, que saísse, não a queria ver mais. Olhou para Domenico (sempre preferira o filho, mas ele falhava sistematicamente falhava). — E tu? Sai, saiam! «A mãe não compreende?», diz Clara. («Então, afinal...», disseram na rua). Senta-se junto da mesa, esconde a cara entre as mãos e soluça. Domenico está em silêncio; Clara repete: «A mãe não compreende?» (E, lá em baixo, disseram: «Segundo me diz...») Soluça baixinho: — Oh, oh! Baixinho, longe dos filhos (um sentado: «A mãe não compreende?» Outro de pé: o silêncio), baixinho, ali mesmo ao lado da jarra com flores de papel. E no meio dos soluços (— Oh, oh!) lembra-se do dia em que vieram dizer-lhe que Paolo morrera. As vozes da rua amorteciam, os automóveis passavam. E Clara continuava sentada, fitando a parede. Não. A mãe não existe. Existem eles, eles apenas, eles, sem um gesto; Domenico de pé, Clara sentada. Somente eles. Somente. Somente.

VIGÉSIMO QUINTO QUADRO

Assim: lá ao fundo da estrada duas espingardas esperam por ti. Dentro delas, as balas que hão-de matar-te. Tudo está previsto. Desde o princípio que tudo está previsto. E não era teu inimigo quem as fez, era teu amigo: as espingardas, as balas. Várias mãos as construíram, muitas mãos; não te queriam mal. As mãos que as seguram também não te querem mal. E esses homens que esperam por ti não te conhecem. Se vocês se tivessem conhecido, talvez pudessem conversar, ser amigos. E não seriam capazes. Os homens. As mãos.

Mas não importa. Estão à tua espera e têm um olhar duro. Um olhar de empréstimo, mas duro.

— Não receias ser preso, perder o emprego, Benedetto — perguntou Vianello, levantando-se.

Benedetto empacotava cuidadosamente os jornais. Estava em mangas de camisa, Vianello observava-lhe o volume da barriga; não que fosse muito grande; com o casaco, até nem se dava por ela.

Como se adivinhasse o pensamento do amigo, Bendetto foi buscar o colete, um colete coçado, mas limpo, e vestiu-o. Teria, quê? Uns sessenta anos, e calvo. Receava constipar-se, usava na cabeça uma boina vasca. E era baixo, o nariz muito curto na cara arredondada.

— Se não te conhecesse — disse, enquanto apertava os botões do colete —, pensaria que essas palavras foram ditas para eu responder que a tua situação ainda é pior do que a minha.

— Pior, porquê? Eu não tenho ninguém. Se te prendessem, a tua mulher ficava só...

Recomeçara a empacotar os jornais.

— Não posso ser preso — respondeu. — Não, não creio que seja preso. Fiz a guerra e não fui morto.

No degrau do escadote, ao canto do armazém, um livro encapado em papel de jornal. Leonardo aproximou-se e abriu-o: «Não são aqueles que me invocam, gritando: Senhor, Senhor!, que entrarão no Reino, mas aqueles que fazem a vontade de Meu Pai que está nos céus», leu ao acaso.

Benedetto observava-o sem uma palavra.

— Quem deixaria aqui esta Bíblia? — perguntou Vianello e fechou o livro. — Ainda terá leitores? — concluiu, não resistindo a um dito de espírito.

— Com certeza.

— Como documento histórico para o estudo da mentalidade antiga deve ter um grande interesse, penso. — Olhou para Benedetto. — Mas será possível que ainda haja quem a considere a palavra divina?

Benedetto transportava agora os pacotes de jornais para um canto. Transportava-os um a um. Ia e vinha, em silêncio, e Vianello limitava-se a um monólogo.

— Quanto tempo levaremos ainda a acabar com tais superstições? — insistiu.

Benedetto sem interromper o trabalho, disse: — E se, por acaso, eu acreditasse?

Leonardo sobressaltou-se.

— Tu?

— Imagina que sim... — Miraram-se nos olhos.

— Nunca me passou pela cabeça...

— Decretaste que os cristãos não poderiam estar contigo?

— Não, Benedetto. Mas conheço tão pouco... Desculpa. Podes crer que respeito muito...

Benedetto interrompeu-o.

— Não mintas. Não me digas o contrário do que pensas. — Hesitou. — Continuas meu amigo?

— Benedetto!

— És verdadeiramente meu amigo, ou pensas servir-te de mim, servir-te de nós, enquanto formos necessários?

Vianello teve uma hesitação.

— Porque pensas que sou Machiavelli? — ripostou.

— Não sei... Ouve: às vezes sinto que os teus amigos falam diante de mim duma maneira e falam doutra entre eles. Na minha presença respeitam Deus, mas longe... Peço-te: diz de mim o que dizes diante dos outros. — Hesitou. — E ouve: se agora que sabes as minhas crenças tencionas mudar de atitude para comigo, não a mudes. Diz-me francamente que apenas serás meu companheiro enquanto houver fascismo e que depois procurarás destruir a religião em que creio. — Calou-se, por momentos. — Não deixarei de ser teu amigo.

Vianello aproxima-se dele.

— Porque estás comigo, Benedetto? Também decretaste que só quero servir-me de ti e não ser teu amigo...

— És sincero?

— Decretaste que não posso ser sincero. Porquê?

— Mas não te condeno se depois me quiseres trair. Será por amor dos homens.

— Não, não, Benedetto. Seremos todos irmãos. Respeitar-nos-emos uns aos outros. Acreditas-me? Acreditas que nenhuma reserva existe no meu espírito contra ti?

— E contra Deus?

— Sabes que não creio nele...

— Mas independentemente disso...

Vianello hesitou. Depois olhou-o bem de frente.

— Não, nenhuma reserva tenho contra Deus.

No dia seguinte, Benedetto disse:

— Já calculava que não acreditasses. Os rapazes da tua idade não acreditam. Não compreendo porque assim é, mas há muito tempo que o sei. Em que crês então?

Vianello sorriu. Mas Benedetto não o ouvia. — Eu creio — continuou. — Sou quase um homem simples e não terei a tua cultura; mas que tem a cultura que ver com Deus?

Estão no mesmo armazém do dia anterior. Vianello pergunta-lhe:

— Porque não fingiste ontem que te esquecias da Bíblia na esperança de que eu a fosse ler e (quem sabe?) me convertesse?

— Quem disse que eu desejava converter-te? — Falava com as mãos nos bolsos das calças. — Se tencionasse converter-te, dir-to-ia francamente.

— Porque não tentas?

— Porque não acredito nessa possibilidade.

— Não percebo.

— Pouco importa. Ouve: sei que o nome de Deus serve, muitas vezes, aos homens que n'Ele não crêem para esmagarem os outros. Que havemos de fazer? — Continuava com as mãos nos bolsos. — Eu creio. E é porque creio n'Ele que estou aqui. Se não acreditasse, não estaria. Às vezes espanto-me, pensando em vocês: como é possível que, sem crerem em Deus, se arrisquem e lutem? Sou acompanhado pela minha fé, mas os descrentes?

— Também temos a nossa fé, nós, os descrentes...

— Sim — respondeu Benedetto. — E que interessa? Deus ama a todos, quer n'Ele creiam, quer não, desde que sejam justos.

Ficaram calados. Depois mudou de assunto.

— Partes esta noite? — quis saber.

— Acho melhor amanhã de manhã. Faz-te diferença?

— Nenhuma.

Calados.

— Mal te conheço, mas como podes viver assim tão só? Já antes desta vida vivias sempre só?

— Não estou sempre só. Tenho-te a ti, tenho-vos a todos...

— Isso não quebra a solidão. Daqui a pouco vou-me embora e tu ficas aí. Eu não suportava essa vida.

— Suportavas.

— Não. Estiveste só toda a noite e todo o dia e só vais ficar outra vez. Amanhã partirás com a tua bicicleta e só. Não sei, não sei para onde vais, mas encontrarás homens como eu, falarás com eles e partirás de novo. Que fazes tu? Pensas?

— Às vezes, Benedetto.

— E que pensas?

— Tanta coisa! Mas de outras vezes não penso.

— Não é possível; pensa-se sempre em qualquer coisa.

— Talvez.

— Pensas no outro mundo?

— O outro mundo?

— Sim, o mundo que deixaste.

— Às vezes...

— Tinhas amigos?

— Creio que sim.

— Crês que sim?

— Não sei... Dava-me com pessoas, mas sabíamos nós o que era a amizade?

— Sou teu amigo.

— Eu sei, Benedetto.

— Tens saudades?

Vianello tem um pequeno gesto indefinível.

— Tenho — responde. — Mas penso que não desejaria voltar àquela vida. Estar fechado numa cidade, conviver com pessoas que não conhecem o calor da amizade, do amor verdadeiro, e ignoram que não o conhecem.

Benedetto tirara as mãos dos bolsos e esfregava-as uma na outra para as aquecer.

— Não te compreendo — diz. — Por quem lutas tu, se não lutas pelas pessoas que conheces? Somente por quem não conheces? Como é possível?

— Porque luto eu, por quem luto eu, Benedetto? — Parecia surpreendido com a pergunta. — Eis uma questão que nunca levanto. Luto. Não é o que importa? Luto por mim próprio também. Quero conhecer-me, saber se sou um homem de coragem. — Calou-se. — Não, não é isso.

— Como é possível que te tivesses deixado morrer?

— Não, não. Há pouco não to disse ou não o sabia. — Aproxima-se de Benedetto e aperta-lhe a mão. — Luto pela amizade. Dantes lutava por inúmeras outras coisas e até por ver lutar. Estava ligado a muitas pessoas, mas éramos seres isolados, quase incapazes de alegria e de sofrer uns pelos outros. Se o teu irmão chora, porque não sabes chorar com ele? Se ri, porque não ris também? Somos todos demasiado frios, demasiado egoístas, demasiado dispostos a condenar-nos uns aos outros. Mas na cidade eu não dava por nada. Agora percebi o valor da amizade, o valor de ter amigos, de sermos irmãos. Mas só será assim quando deixarmos de estar divididos, quando forem eliminadas radicalmente as causas que nos separam, que nos fazem ter interesses antagónicos, quando a Itália for de todos e não somente de alguns.

Benedetto não respondeu imediatamente. Continuava a esfregar as mãos e levava-as à boca para aquecê-las com o hálito.

— Receio que venhas a ser um homem desesperado se continuares nesta vida. E o desespero é o maior dos pecados. Porque não foges para França? Tens esse direito.

— Em França deixaria de estar só? Sentir-me-ia tão só como aqui, Benedetto. Crês que lá existe a amizade verdadeira só porque não há fascismo?

— Receio por ti. Não acreditas nos homens reais, não acreditas que seja possível aquilo por que lutas, tu já morreste! Tenho medo de ti, amigo. Precisas de ressuscitar, de ser mais modesto, de crer que tudo é possível. Não faças da tua luta um suicídio... Se pensas assim, então eles venceram, já fomos derrotados porque deixámos de crer em nós próprios.

VIGÉSIMO SEXTO QUADRO

— É precisamente o que admiro no Vianello, o que sempre nele admirei: a fé, a sua crença nos homens — responde Giovanni.

— É — concorda Soldati.

VIGÉSIMO SÉTIMO QUADRO

Tinham-se encontrado — Rosabianca, Renatta, Lucia e Giulio — para levar auxílio (dinheiro, comida, tabaco) aos estudantes presos. A cadeia ficava numa colina dos arredores da cidade; e foram a pé, num longo passeio pelo campo. «Refrescaremos o espírito», dissera Rosabianca. Seguiam, não pela estrada, mas por um caminho conhecido de Giulio e que encurtava a distância.

Rosabianca arranjara uma mochila, Renatta e Lucia levavam, cada uma, o seu saco, e Giulio ia mais pesado: uma grande mala. Ainda por cima, pouco tempo depois de iniciarem a marcha, a pega da mala partira-se. Cansado, Giulio carregava-a, por vezes, ao ombro.

— Conhece algum dos presos? — perguntou Rosabianca a Giulio. Não conhecia. Só Renatta conhecia Pietro, estudante de Medicina e poeta. Contou como travara relações com ele num passeio a Fiesole. E lembrou-se:

— Mas tu também foste dessa vez, Lucia.

— Não me recordo.

— Um que leu versos na... — Recordou-se; passou a mala para o outro ombro. — Ah, não estavas nesse grupo, lembro-me agora.

Subiam a colina calcando a erva dum carreiro solitário. E estará este carreiro aqui apenas para nós? Já alguns sapatos calcaram esta relva tão macia? Quem sabe se Boccaccio...? — pensava Rosabianca, aspirando o aroma forte da montanha. «Porque este ar é denso.» — Não como o ar que se respira na cidade, quando se está em casa: um ar inodoro, leve em demasia, um ar que nem se dá por ele. Abriu as mãos, as palmas voltadas para cima, e tomou-lhe o peso. Pesa, este ar pesa!

— Vocês não fazem ideia de como isto cansa! — disse Giulio, pedindo um instante de repouso.

— Mas nós ajudamo-lo — propôs Rosabianca. — Tirou a mochila dos ombros, pô-la no chão. — Leve-a, Giulio.

Giulio olhava-a com tristeza.

— Impossível. É muito pesada...

— Que maravilha! — disse Lucia, olhando para o vale. Rosabianca baixou-se para pegar na mala.

— Não, senhor. Eu levo-a.

Prosseguiram. Mais leve, Giulio, que se deixara ficar para trás, vê as três raparigas e sente uma profunda satisfação por vê-las. São frescas — diz de si para si. Como se fosse um reizinho e aquelas mulheres lhe pertencessem! Sem querer, reparou nas ancas de Rosabianca, sem querer imaginou ter Rosabianca nos braços: mergulhava a boca nos cabelos dela, as mãos apertavam-lhe as ancas, desciam-lhe da saia à procura da nudez das pernas, da pele tépida onde uma penugem macia apontava. Ou então Renatta ou Lucia.

Rosabianca poisara a mala por momentos.

— Como é bonito! — repetiu Lucia. Uma neblina fofa espalhara-se pelo vale, fundira-se com as minúsculas colinas cinzentas e verdes, aproximara-as umas das outras. Giulio desviou os olhos para o vale. «Como posso eu descer tão baixo?»

— Nunca aqui tinha vindo — disse Renatta.

— Deixe, eu levo agora — atalhou Giulio, voltando-se para Rosabianca e querendo, assim, expiar o pecado. — A Rosabianca não pode.

— Posso, posso.

— Não pode. — Giulio tirou a mochila, mas, ao fazê-lo, um gesto mais largo levou-o, sem querer, a tocar ao de leve no seio de Rosabianca. — Desculpe — disse precipitadamente.

Rosabianca fingiu não sentir. Mas não sabe o que é: a densidade, o aroma do ar que respira? Uma vaga embriaguez, uma vaga agitação.

Ele tirou-lhe a mala.

— Eu ainda podia.

— Não pode.

— Que ideia! — interveio Lucia. — Não tinha uma coisa mais prática?

Giulio irritara-se com a pergunta.

— Não tinha — rematou com secura.

Continuaram. Rosabianca diz:

— Pelo menos aqui temos a natureza tal qual é, e não é como nos jardins em que... — Envergonhou-se, não continuou, não quis enfeitar-se com as palavras de Giovanni.

Giulio passara para a frente das raparigas, receoso de que ao vê-las a imaginação novamente o traísse.

— Qual foi o santo que viveu aqui? — lembrou-se Lucia de perguntar.

— Não sei de nada — respondeu Renatta.

— Esquece-me agora, nunca ouviram falar? — Fez um esforço de memória. — Um asceta... E parece que o demónio o pôs à prova com lindas mulheres.

— Ele resistiu? — pergunta Giulio, sem se voltar para trás.

— Não me recordo...

— Sim — responde Rosabianca. Sentia ainda o contacto rápido da mão de Giulio. — O ar está impregnado do cheiro que o demónio cá deixou. — Voltara-se para Renatta. — Não sentes, não há aqui qualquer coisa de...?

Giulio permanecia em silêncio. Mas era verdade: o demónio continuava ali.

— E se descansássemos?

— Sim — concordou Giulio, com alívio. — Podemos descansar. — E não esperou mais, poisou a mala, senta-se. — É de facto bonito — diz.

— Ajuda-nos a repousar.

— Sim, mas tomara eu já estar lá em cima!

Depois de uns instantes de silêncio, Lucia:

— Irão perguntar se somos da família?

— Que tem isso? — disse Renatta.

— Podem dizer que não aceitam estas coisas, visto que não somos parentes. Regulamentos são regulamentos.

— Que brincadeira, hem? — comentou Giulio. — Ter de voltar para casa com este contrapeso!

— Mas seria a descer.

— Se eles começarem com perguntas, vocês dizem que são noivas. E eu digo que vos acompanho.

Levantam-se. Agora os demónios tinham-se afastado para outras paragens. Iam satisfeitos, riam muito, diziam pilhérias uns aos outros. «Pecaram em pensamento, pecaram em pensamento!», e brincaram ao eixo, saltavam uns por cima dos outros, davam cambalhotas. «Mas porque não me deixaste atacar Renatta?», perguntou um deles. «É a estes reformadores da humanidade que gosto de pregar partidas, são eles que gosto de apanhar em pecado mortal.» «Depois, depois...», disse outro.

— E Vianello? Tem-se sabido alguma coisa, sempre é verdade que está em França? — pergunta Lucia.

— Quem poderá saber? — responde Giulio. Com a sua imaginação repousada, olhava para elas, sentia-lhes a frescura feminina, o encanto, mas tudo isso com simples amizade.

Insensivelmente, Rosabianca e Renatta tomaram a dianteira, Lucia e Giulio ficaram para trás.

— Trataram-no mal na prisão? — pergunta Lucia.

— Nem por isso — responde ele. — Foi só a maçada de apodrecer por lá. — Giulio estivera preso durante seis meses, o máximo possível sem culpa formada; o tempo bastante para perder o ano. — Aproveitei e li... Nunca li tanto na minha vida.

Passos adiante, Rosabianca dizia a Renatta:

— Ouvi ontem um dueto da *Electra* de Strauss. Senti-me arrepiada. Creio que gostei muito, que é impressionante, que nos rasga...

— Também ouvi, mas não gostei.

— Por Strauss ser nazi?

Renatta avançou alguns passos antes de responder.

— Talvez — disse, por fim.

— Não — protestou Rosabianca —, eu gostei. Não nos poderemos colocar acima da política?

— Como?

— Ouve: e se Strauss não fosse nazi, gostarias?

— Não trato sequer de fazer a pergunta... Não gosto, ele é nazi e não gosto. Não posso gostar.

Vindo do interior da mata, surgiu um cão rafeiro de olhos muito brilhantes.

— Talvez tenhas razão — responde Rosabianca, pensativa.

— Como te chamas tu? — perguntou Lucia ao cão, que simpatizara com ela e se deixava afagar.

— Rosabianca! — Giulio, bem livre do assalto do demónio. — Sabe quem lhe manda saudades?

— Como te chamas, diz lá como te chamas... — repete Lucia.

— Quem foi?

— Marcello!

— Está cá?

— Diz, diz como te chamas...

— Não. Passou de automóvel, encontrei-o por acaso. Ia com o pai para Viarreggio. Foi simpático, parou o automóvel. Eu não o tinha visto, ele é que me viu.

Renatta para Lucia:

— Não chegaste a conhecê-lo? — Tinha recuado, juntara-se a Lucia, deixando para trás Rosabianca com Giulio.

— Não tenho ideia... — replicou Lucia e continuava a afagar o focinho do cão.

Rosabianca ouvira as palavras de Renatta.

— Lucia ainda não estava connosco — disse.

— Tenho a impressão de que está mais alto — recomeçou Giulio, poisando a mala. — Ou então emagreceu.

— Deve ser isso. — Renatta também poisou o saco no chão. — Já não sei quem, mas tinham-me dito que estava muito magro.

— E que idade tens tu, podes dizer-me, já que não queres dizer o teu nome? — continuava Lucia.

— Muito magro é exagero — diz Giulio. — Levou um lenço à testa e enxugou o suor.

Rosabianca inclinada para a frente afaga com ambas as mãos a erva, experimentando se estaria muito fria ou muito húmida.

— Porque não dizes o teu nome? — repetiu Lucia.

— Apetecia-me andar descalça, correr descalça por aí fora — suspira Rosabianca.

Nem parecia Inverno, o sol queimava e era bom senti-lo no rosto.

— Continua o mesmo, sempre brincalhão? — perguntou Renatta.

— O tempo de dizer como estás, como não estás... para mais, o pai acompanhava-o, tu compreendes...

— Foi ele — diz Rosabianca para Lucia — que pregou com um alfinete nas costas de Paoli um letreiro com estas palavras: «Tenham cautela comigo, sou da polícia.» Nunca tinhas ouvido falar? Paoli andou dum lado para o outro e sentou-se num café sem que ninguém o avisasse...

— Que cómico!

— Aí está uma coisa que nunca percebi muito bem — disse Renatta para Giulio. — De um dia para o outro desligou-se de nós, nunca mais se meteu em política...

— Teve qualquer questão com o Vittorio, mas o Vittorio também não fala nisso.

Recomeçaram a marcha. Fosse lá pelo que fosse o cão voltara para trás.

— Adeus! — disse-lhe Lucia.

— Adeus! — imitou-a Giulio.

E ela, amuada:

— Estás a meter-te comigo.

— Mas a gente nunca mais chega? — quis saber Renatta.

— Tenham paciência — diz Rosabianca. — Vou descalçar-me; é tão bom andar descalça...

Giulio:

— Vai constipar-se!

Renatta:

— Vê lá se te magoas.

— Magoo-me, agora! — E correu, a mochila aos ombros, um sapato em cada mão. Quando já se afastara uns metros parou, e volta-se para eles.

— Nem sabem como é bom!

— Mas nunca chegaram a descobrir o autor da partida? — perguntou Lucia, indiferente à satisfação de Rosabianca.

— Experimentem! Porque é que não experimentam?

— Julgo que não — respondeu Giulio, atraído por Rosabianca. — Não, nunca...

— Ouvi dizer que sim, — atalhou Renatta. — E que essa é a razão por que ele se afastou...

— Isso não acredito.

— Que o pai se teria mexido e estavam dispostos a passar uma esponja sobre o assunto se ele se afastasse...

— Não, não acredito.

Renatta desistiu. De resto, era amiga de Marcello. Quanto a Rosabianca... A volúpia de sentir o chão a morder-lhe as plantas dos pés. E resolve cantar, ou, melhor: gritar; cantava com toda a força e a música (uma música que ela improvisava à medida que ia cantando) saía terrivelmente desafinada. Calou-se e repetiu:

— Não sonham como é bom!

— Se eu também experimentasse? — A Lucia. Mas voltou com a palavra atrás. Trazia meias e teria de as tirar. — Sujava depois os sapatos — desculpou-se.

— Giulio — chama-o Rosabianca —, gostas de Strauss?

— Ricardo?

— Sim.

Rosabianca estava distante. Para se ouvirem tinham de gritar.

— Não sei — respondeu Giulio. — Conheço-o mal, de resto. — E depois, sem transição alguma e gritando sempre: — É verdade o que se diz, Rosabianca, que você está para casar com Giovani Fazio?

— Porquê?

— Por nada, era só para saber. — E depois: — Mas prefiro Mozart, sabe? — Deu uma gargalhada e cantou: — *Voi che sapete che chosa è l'amore...*

Rosabianca repetiu:

— *Voi che sapete che cosa è l'amore...* — Não sabia o resto da letra, bastava-lhe a música.

— É assim tão bom andar descalça? — pergunta Lucia.

Rosabianca respondeu, metendo a resposta dentro da música:

— Neeeem tu soooonhas, neem tu sonhas, sonhas, pum. Trai-la-rai-la-rai-la-rai...

— Compensa o trabalho de tirar as meias?

— Nem tem, tem-em, discussãoi-ssão-ssão-ssão...

— Então vão andando. Não olhe para trás, ouviu? — diz para Giulio. E os demónios regressaram. Giulio ia imaginando Lucia a levantar a saia do lado esquerdo e a desprender a meia das ligas. E o mesmo gesto do lado direito, tão próximo do sexo! Uma a uma, as meias deslizavam-lhe pelas pernas. Pronto — pensou. E nesse preciso momento grita:

— Pronto! É bom! É bom! — A correr, passa-lhes à frente, na direcção de Rosabianca.

Giulio mudou a mala para o outro ombro.

— Lá está — diz Renatta, apontando para um vasto edifício, não muito longe, amarelo, e meio enterrado na montanha.

Os demónios refugiam-se ali durante a noite, pensa Giulio.

Rosabianca sentara-se numa pedra, sacudia a terra dos pés.

— Já? Acabo de me descalçar... — lamentou-se Lucia.

— Giulio — disse Rosabianca —, não sabe o resto da letra?

— E cantou: — *Voi che sapete...*

— Nem uma coisa nem outra.

— Eis-me civilizada. — Rosabianca, calçando o outro sapato.

— Três e meia.

Mecanicamente, Renatta olhou para o relógio:

— Três e trinta e dois.

— Definitivamente, Renatta. Gosto do Strauss. Gosto, que é que tu queres?

Renatta sorriu.

— Ninguém te nega o direito... — E, depois dum momento e em voz baixa, para Rosabianca: — Sabes que o Soldati e eu chegámos à conclusão de que gostamos um do outro?

— Fizeste mal, Renatta, devias ter-te descalçado — disse Lucia de longe. — nem fazes ideia como é bom!

— Fantástico! — respondeu Rosabianca, passando o braço pelo ombro da Renatta. — Fantástico! E quando foi que vocês descobriram? — Continuava a entoar a ária de Mozart.

— É fantástico — disse Lucia. — A terra está morna. É fantástico — repetiu.

— Daqui a pouco também fico arrependido de não ter experimentado — lamenta-se Giulio.

— É uma coisa que ainda é livre — disse Renatta para Rosabianca —, amar... Não, não é livre para todos. Nem todos podem amar, a muitos é impossível amar.

— Não pode fazer ideia, Giulio — continua Lucia. — É uma coisa que ainda é livre, podermo-nos descalçar... Não, não é livre para todos... Para alguns é uma obrigação, uma escravatura...

— Fantástico! — repete Rosabianca.

VIGÉSIMO OITAVO QUADRO

— Quando casas? — perguntou Soldati, para dizer qualquer coisa, sabia muito bem que eles ainda não tinham pensado nisso.

— Quando? — repetiu Fazio, seguindo com os olhos os movimentos dum casal estrangeiro junto à estátua do David. — E tu?

— Ah, eu... — Sacara do bolso a carteira e procurava um selo.

— Também não sabes.

— Não — sorriu Soldati. Abriu um livro e tirou lá de dentro um sobrescrito.

Giovanni continuava a olhar para os turistas, cada um com a sua máquina fotográfica.

— E, no entanto, mais dia menos dia, teremos de decidir.

— Eu não — interrompeu-os Alberti.

— Porquê? — quis saber Soldati, folheando a agenda em busca duma direcção.

— Porque não tenho dinheiro...

— «This is the question» — disse Giovanni. — E eu? Tu — falava para Arnolfo, às voltas ainda com a agenda —, melhor ou pior, tens a dificuldade resolvida. — Na mesa da esquerda dois ingleses de meia-idade conversavam e Fazio apurou o ouvido. «Quem leia certos jornais — dizia o mais velho —, fica a supor que por toda a parte há polícias armados até aos dentes e que a população vive aterrorizada.» — «Mera propaganda política», dizia o outro. — «Têm até um ar feliz, muito mais feliz que em Manchester», concluiu o mais velho.

— Nenhum de vocês, por acaso... — ia a dizer Soldati, que não sabia inglês. Mas Fazio interrompeu-o.

— Deixa ouvir.

Soldati aguçou a atenção, sem êxito. «Há ordem, há disciplina», insistia o mais velho.

— Que dizem eles?

— Que há ordem... Deixa ouvir... — Os ingleses falavam, agora, no casamento de Olivian.

— De quem?

— Haverá liberdade em Inglaterra para as pessoas casarem? — pergunta Alberti. — Supus que era só neste belo país de liberdade e de brandura de costumes que...

— E são estas bestas que vão dizer para Inglaterra o que viram. — Voltou-se para Alberti:

— E tu, quando casas?

Alberti:

— Em muitas sociedades primitivas ser solteiro é motivo de vergonha, é pior que roubar... Mas hoje... — O paraíso estava vedado aos celibatários após a morte, creio — continua Fazio, observando o casal de estrangeiros que mutuamente se fotografavam. — Iam ao ponto de desflorar as virgens depois de mortas, para as salvar do inferno.

— Irra! — exclamou Soldati, pondo o selo no sobrescrito.

— Seja como for — diz Alberti —, as vantagens do casamento eram nítidas: a mulher trabalhava e a riqueza media-se, em grande parte, pelo número de filhos. Quando velhos, os celibatários ficavam ao desamparo, ao contrário dos homens que tinham filhos.

— Interessante — comentou Soldati, antes de humedecer com a língua a goma do sobrescrito — Hoje é o contrário: a pobreza mede-se pelo número de filhos. Em vez de fonte de riqueza, são causa de miséria.

— Um resultado — interrompe-o Fazio. — Está provado que o excesso de filhos resulta da carência de proteínas na alimentação.

Espanto geral.

— Os americanos fizeram a experiência: observaram dez gerações de ratos e concluíram que a fecundidade ia diminuindo, de geração em geração, à medida que os alimentos eram mais ricos em proteínas... Vê o que se passa na Europa e o que se passa na Ásia esfomeada.

— E por cá...

— E por cá...

Calaram-se outra vez. Os ingleses da mesa do lado falavam do tempo.

— E é aí que está a dificuldade. Casar deixou de ser uma necessidade de ordem económica, para se transformar numa loucura. De resto, a vida de família era um refúgio contra a falta de distracções...; a família era, só por si, uma ocupação deveras interessante. Mas hoje pode representar até uma menor partilha dos benefícios da civilização e da cultura. — Bebeu um gole de água. — Se me caso, eis o que tantas vezes penso, terei de trabalhar muito mais e de me distrair muito menos. Não poderei comprar livros, viajar, ter automóvel...

— E pensas casar? — pergunta Alberti.

— Penso, porquê?

— Não é estranho que um homem, apesar de tudo, se case?

— É...

— E há sempre o risco de errar.

— Claro — disse Soldati. — Sim, é espantoso que se abandonem tantas felicidades pelo amor de uma mulher... — Interrompe-se, pensando em Renatta. Que faria ela neste momento? — Alberti levantara-se e fora falar com um grupo doutra mesa. — E, no entanto, não é de Renatta que eu gosto, Giovanni.

— Como?

Alberti sentou-se de novo. Soldati não continuou.

— Mudando de assunto, é desta vez que a guerra rebenta?

— Receio bem que não.

— Outro — diz Alberti — que deseja a guerra para ficar dispensado de combater.

— Não — acrescentou Fazio —, a Alemanha ocupará a Polónia, mas o Chamberlain encolherá os ombros. É o defeito das democracias, não têm coragem de aceitar a guerra. Acabarão por tê-la em casa, mas fugirão até ao fim. E quando a tiverem, serão destruídas.

— Não me parece que a Inglaterra possa deixar de intervir... E há ainda a Rússia.

— Hitler fará o que muito bem entender. Não — concluiu Giovanni —, às vezes creio que a civilização está no fim. É isso que me aflige. Quem sabe? Já não vale a pena lutar, nada poderemos, fomos traídos, até por nós mesmos... — Calou-se. — Mas é criminoso. — Sorriu. — Esqueçamos estas palavras...

— Nós esquecemos — disse Alberti —, o mal é que tu não as esqueces, Fazio.

«Aí está», pensou. «Dantes, quando comecei a descrer, acreditava que estava perdido, que era um homem sem fé. Até que vi Rosabianca. Então pensei que ela me daria a confiança perdida, a juventude de espírito. Aí está, Rosabianca. Nunca o tinha pensado, mas hoje compreendi. Errámos, a nossa união já falhou. Não me renovaste, não correspondeste às esperanças que depositei em ti. Aí está.»

Em frente, perto da estátua, John — chamar-se-ia John? — esperava que a esposa arranjasse o cabelo para lhe tirar outra fotografia.

VIGÉSIMO NONO QUADRO

— Rosabianca, afinal não tens os cabelos verdes!

— Verdes?

— Sim. Eu pensava... Pelo menos não podia pensar que não fossem verdes... E que não tivesses sido salva por mim do fogo!

— Do fogo?

— Sim. Porque te admiras? Do fogo. E nunca foste enfermeira.

— Enfermeira?

Encostados a uma grade, viam quase sem ver Florença lá em baixo.

— Porque perguntas? Não posso gostar de ti, Rosabianca! Pensei que tinhas os cabelos verdes e que te salvava do fogo... Mas nada disso sucedeu.

Rosabianca apertou-lhe o braço com força.

— Giovanni! Se queres, pinto de verde os cabelos, subo para um quarto andar e deito-lhe fogo. Salvas-me?

— E fico ferido? Serás a minha enfermeira?

— Sim, se quiseres serei a tua enfermeira.

— Está bem, Rosabianca. Sobe lá para o telhado que eu vou deitar fogo à casa.

TRIGÉSIMO QUADRO

Acendeu um fósforo para iluminar as escadas e começou a subir. A mãe pedira-lhe que trouxesse café, mas só agora se recorda. Aborrecido. — Giovanni! — ouviu dizer. Recuou, e o fósforo apagou-se, movido por um sopro. A voz de Vianello.

— Como é possível, Vianello? Como é possível? — murmurava. E, nem sabe porquê, sente subir, do íntimo do coração, uma funda amizade por Leonardo, uma amizade como não se lembrava de jamais ter sentido por alguém. E abraçou-o com força. Assim, na escuridão, não compreende porquê, esse abraço parecia-lhe mais intenso, mais profundo, mais sincero.

Vianello:

— Tive saudades tuas.

— Sim, sim — respondeu Giovanni, com os olhos rasos de lágrimas. — Como conseguiste chegar até aqui? — Olha em volta, no escuro, e, de repente, compreende todo o perigo. — Tens a certeza de que ninguém te viu?

— Nunca mais chegavas...

— Espera. — Sobe os degraus que faltam para atingir o patamar. As escadas rangiam, como é que nunca dera por tal? Já devem estar todos deitados... — Fica aí. — Abre a porta e escuta durante alguns segundos. O silêncio. — Vem — conclui, ainda mais baixo.

O quarto de Fazio fica à entrada para os pais não acordarem quando vem tarde. Mas a mãe não conseguia adormecer sem que ele chegasse. E mesmo entrando com todos os cuidados, ela tossia sempre ou então levantava-se para beber água de modo a que Giovanni percebesse que ainda não conseguira dormir. No dia seguinte aproveitaria qualquer oportunidade para dar a entender que o sentira chegar. Por exemplo: «Não ouviste esta noite os galos? Ah, foi antes de vires!» Ou então: «Ah, foi pouco depois de teres chegado.»

— Giovanni? — chamou.

— Diga, mãe... — Fecha a porta, aproxima-se do quarto dos pais.

— Trouxeste o café?

— Esqueci-me.

— Tanto te recomendei que não te esquecesses, não há café para amanhã.

— Boa noite, mãe.

Voltou para junto do amigo. Mas, entretanto, Vianello, que conhecia os cantos à casa, refugiara-se no quarto de Fazio.

— Não é arriscado? — perguntou-lhe.

— Precisava de ver um de vocês. — Hesitou. — Estive para ir ter com Lionello, sempre era um companheiro de luta!, mas, pensando bem, desejava mais encontrar-te.

— Tinha saudades tuas...

— Por estranho que pareça, a coisa de que sinto mais falta é o café. Ir lá, sentar-me, encontrar-me convosco e nada dizer de importante. Umas saudades terríveis... E vocês? Que têm feito?

— Nada — respondeu envergonhado. E abriu as vidraças para o barulho da rua abafar as vozes. Mesmo assim, falavam muito baixo, quase a medo.

— Tens a certeza de que não se ouvirá lá dentro? — Depois: — E Rosabianca? E Arnolfo? — Contar toda a história com a Rosabianca? É estranho dificilmente compreende: mas nada lhe confessou.

O pudor de dizer que por cá a felicidade ainda é possível...

— Bem. Soldati não conseguiu ganhar o concurso.

— Era de esperar.

Silêncio.

De repente, sentiram ambos que qualquer coisa estava a falhar. Vianello esperara tanto daquele encontro com Fazio! Mas esperara o quê? Nada havia a esperar. Procurara-o sem reflectir, como quem aguarda um milagre. Como se do encontro com Fazio alguma coisa de muito grande pudesse suceder! Mas que coisas muito grandes podem suceder? Nada. Nada.

— Não tens a *Sinfonia Pastoral*? — perguntou. Pergunta inútil. Bem sabe que Giovanni não colecciona discos.

— Não... Mas quem sabe? — dirigiu-se ao rádio e abriu. Uma música agreste, mas pura, e com momentos de romantismo.

— Que é? — perguntou Vianello.

Palavras em francês misturando-se com a música.

«*Un bonheur est tout le bonheur, deux est comme s'il n'existait plus.*» Isto, ao certo? Não sabiam. Parecia-lhes. «Mais *un jour elle lui a dit...*» Quê? Não sabe, não sabe. A agressividade passou. Que dizem? Não se percebia bem. «*Elle disait: venez ici.*» — «*Ils sont partis.*» De novo agreste, mas triste. Caricatural. Porquê? Porquê, caricatural? Não, estes violinos agrestes, rasgados. Porquê? Porquê, o burlesco no meio da tristeza?

— A *História do Soldado* — descobriu Giovanni.

— Ah!

Os dois em silêncio. E os tambores. Secos. Secos. Secos. A música parou. Só eles: secos, secos, secos. E pronto.

Por instantes ficaram ainda calados porque Vianello tinha receio de que a voz do locutor quebrasse o vácuo deixado pelas últimas notas dos instrumentos de percussão e fechara o rádio. Depois disse:

— Não sei se é de não ouvir música há muito tempo. Tenho a impressão de que nunca ouvi nada tão belo.

Giovanni escutava-o. Desejaria dizer coisas importantes, obrigar Vianello a sentir que tinha valido a pena vir a Florença, mas não achava as palavras.

— Lá acabou a guerra de Espanha — diz, por fim.

— É verdade — responde Leonardo; mas muda de conversa. — Estive no outro dia em Rapallo e fui ao Montallegro. Nunca lá tinha ido.

— Eu também não.

— Nem andara de teleférico. Vê-se todo o golfo... Mas estava só, fazia-me falta ter ali alguém... Trocarmos impressões, ainda que do género «que bonito!», «olha ali adiante!», «vês? Portofino!».

— Passas muito tempo sozinho?

— Sim, algum.

Estranho. Só agora se recorda:

— Ouve, Vianello. Eras tu, no outro dia, na Piazza della Signoria?

— Ah, sempre me viste? Ias com a Rosabianca.

— Vou casar com ela, imagina!

— Sim? — Mudou de assunto. — É verdade: que sucedeu ao Domenico, já arranjou emprego?

— Já — respondeu Giovanni, omitindo o resto da história.

Mas Vianello desejaria antes falar com Rosabianca ou de Rosabianca... Esperara — como tudo isto é ridículo! — que Fazio lhe falasse dela e lhe dissesse: «Sabes! A Rosabianca confessou-me que gosta de ti. E sofre desde que tu partiste! Se...?» Disparates.

— Tudo tão verde... E muito sol, o céu sem uma nuvem, o mar tão cruel, lá ao fundo! Como é possível que haja tanta coisa bela? E nós ignoramos...

— Fica muito longe de Rapallo? — perguntou Giovanni, para alimentar a conversa.

— Não. Vai-se num teleférico. O único italiano era eu. Todos os mais eram estrangeiros. Não conhecemos a Itália...

— Ficámos cansados com o esforço do Renascimento... Nunca mais soubemos fazer nada...

A luz da rua recortava as feições de Leonardo. E, salvo o bigode, ele parecia o mesmo de sempre.

— Conhecias Portofino?

— Sim, mas desta vez não fui lá. Há dois anos numa excursão. Não te lembras? Uma excursão de jovens... Conheci nesse dia a Rosabianca... Demos um passeio de barco a San Frutuoso. — Pausa. — Os meus parabéns, Giovanni. Não te poderia desejar melhor escolha — diz, de repente.

Palavras inesperadas.

— Ah, mas vês? Saberei apreciá-la? Sabemos nós apreciar aquilo que possuímos?

— Porque não? Sim, podes apreciá-la...

Encostaram-se à janela. Uma tolice, talvez.

— Sabes distinguir as estrelas?

— Cintilam, ao contrário dos planetas.

— Qual é Vénus? — pergunta Leonardo.

— Vénus é um planeta.

— Tantas vezes se fala de Vénus e nunca me deu para a procurar. Aí está uma ideia — descobre, após uma pausa. — Vou dedicar-me à astronomia, saber o nome dos planetas e de meia dúzia de estrelas. Arcturo será alguma destas? Têm todas nomes sonoros: Arcturo, Centauro e que mais...?

— Vega, Capela...

— Ah! Aldebaram, a Estrela Gigante do Cocheiro. Um diâmetro três mil vezes maior que o do próprio Sol! — Pausa. — Já não me recordo bem. Li uma vez um livro de divulgação, mas esqueci-me de olhar a realidade...

— Também tu! Tenho pensado tantas vezes... – Uma noite sem nuvens, e eles espreitavam para o céu afastado e luminoso. — Sabes que uma vez perguntaram às crianças de Paris se já tinham visto as estrelas e que foram raras as que tinham...?

— E quando penso que Eddington calculou o número exacto de electrões do universo, 136×2^{256}...?

— Nem mais um, nem menos um. Em todo o caso, há quem seja céptico...

— Mas saberás apreciá-la — recomeçou Leonardo. — E ela a ti. (Giovanni percebeu que Vianello falava de Rosabianca, não de Vénus ou de Arcturo). Queres saber? — disse, depois de hesitar. — Também gostei, em tempos, da Rosabianca...

Admiração de Fazio.

— Não, não te aflijas. Foi há muito tempo... — Pausa. — Gostei dela. — Nova hesitação. — Não é verdade. Ainda gosto dela.

— A Rosabianca sabe? — pergunta Giovanni, desviando os olhos para uma estrela (um planeta, não cintilava).

Nova hesitação.

— Não sei. Nunca se sabe o que uma mulher sabe. Sim, mas que importa? — Pausa. — Tu merece-la, ela é uma mulher para ti, não para mim.

— Não, não sei, Vianello. Se estas coisas fossem medidas pelo merecimento próprio, ela devia ser tua, não minha. — Um silêncio. — Não, eu não a sei apreciar, sinto isso... Tu saberias compreendê-la, és muito mais generoso, muito mais puro do que eu.

— Tolices. — Pausa. — Ainda bem que o Domenico arranjou o emprego. — Uma espreitadela para as estrelas. — E a irmã? Sabes alguma coisa dela?

— Não, eu mal a conheço.

— Empregado em quê? — Continuava a fixar as estrelas.

— Olha que te nascem verrugas...

— É só quando as apontamos com o dedo... Mas que noite! Será Vénus, de facto? E a Estrela Polar? Essa ao menos sabes distingui-la?

— Como é...? Uma constelação parecida com uma cadeira... A sétima estrela... Assim uma coisa, mas não me lembra bem.

— Três mil! Um diâmetro três mil vezes maior que o do Sol! Estrela Gigante do Cocheiro! Já pensaste o que será? Três mil vezes maior... Mas pronto! Por este caminho, daqui a pouco estaremos a dizer: quão pequenos não somos, comparados com... etc., etc., etc.

Riram-se. Leonardo voltou as costas à rua.

— Um milhão de mortos em Espanha, hem?

— Para quê?

— Um milhão!

— Souberam lutar. Nós não sabemos.

— Haverá alguma coisa que valha um milhão de mortos?

Haveria?

E um morto?

Um homem morto. Tu, Vianello.

Saiu. Não sabia o quê, mas esperara tanto daquele encontro! («Sabes, Vianello, o que me disse Rosabianca no outro dia? Que gostava de ti.») E, subitamente, através das ruas escuras, chama-o uma mulher. Olha a direito e segue. Não, de modo nenhum. Depois outra. E bonita. A tristeza enchia-lhe o coração.

Caminham na rua mal iluminada.

— É longe?

— Ali adiante — responde ela. Na escuridão, Vianello distingue-lhe o rosto magro, vagamente distinto.

— Como te chamas? — pergunta, falando por falar. Nessa altura, dois polícias aproximam-se. Dele?

— Não te dissemos mais de uma vez — começam, dirigindo-se a ela — que não queríamos ver-te aqui?

— Mas eu venho com o meu noivo — responde baixinho, como se tivesse receio de que Vianello a ouvisse.

Olham para Leonardo.

— É verdade o que ela diz?

— É...

Fazem gala em ser grosseiros e um deles comenta:

— Parabéns...

Ninguém esperaria uma coisa assim, mas aquela palavra humilhou-a até ao fundo da alma. Liberta-se do braço de Vianello, esconde a cara entre as mãos e começa a chorar. — Estão a insultar-me — grita. De repente, pára o choro e encara Leonardo. Parece outra. — Permites que me insultem? — Com o fogo da raiva, as lágrimas secaram-se-lhe nos olhos e na face.

— Não, ninguém te insulta — diz, receoso, Vianello, enquanto nos passeios duas ou três pessoas param.

Gritava que não admitia, que não podia admitir, que ia queixar-se. E, inesperadamente, dirigiu-se aos polícias e injuriou-os com as piores grosserias. Não só os injuriava a eles: às mães deles, às mulheres, aos filhos.

— Acalma-te, acalma-te — segreda-lhe Vianello, procurando afastá-la. — Ela não sabe o que diz — garante aos polícias.

Tarde.

Continuavam calmos, porém. — Eu não te disse que não te queria aqui? — adverte-a um deles, enquanto o outro lhe pega num braço. Liberta-se, dá alguns passos, mas o guarda, mais forte, segura-a por uma manga e torce-lhe com tal força o pulso que ela vai contorcendo o corpo, na tentativa inútil de acompanhar o movimento do braço. Cai de joelhos e pede perdão. Largam-na.

— Deseja acompanhá-la? — perguntam a Vianello. O receio de vir a ser reconhecido.

— Não, não — apressa-se a dizer.

Ela chora e, com uma das mãos, sacode o vestido. Ironicamente, um deles pergunta a Vianello:

— Mas não é o noivo?

— Não, não — repete.

— É verdade que esta mulher andava na rua, que a encontrou na rua?

— Tudo isto vai ajudar-te — diz o outro, voltando-se para ela.

— Sim — confirma Vianello.

— Venha connosco, precisamos das suas declarações.

— Mas será absolutamente necessário? — pergunta com ar humilde de cão rafeiro.

Repentinamente ela recuperara a energia.

— Repete! Repete! — grita ela, perante um público cada vez maior, apesar do adiantado da noite. — Repete que me encontraste na rua, que me pagaste, repete, porque é que não repetes, que não declaras tudo o que eles pretendem?

Um dos polícias esbofeteou-a com força.

— Cala a boca!

De novo começou a chorar, mas a chorar em altos gritos. Chamava pela sua mãezinha.

— Não te calas? — insiste ele, dando-lhe outro par de bofetadas (perante o teu silêncio, a tua cobardia, Vianello!). Fica a chorar muito baixo, muito baixo, mal se ouvindo.

Um dos polícias vira-se para Leonardo Vianello:

— Bom, bom. Vá-se embora... Não é necessário, o que ela diz basta...

Agradece, cheio de humildade, e desaparece sem olhar para ninguém.

Na tarde seguinte encontra Benedetto.

— É incrível, Benedetto. Pensa a gente, às vezes, que é honesto, sincero, que tem um certo espírito de sacrifício e, de repente, quando dá por si, está a cometer uma vileza. Fiquei, estou envergonhado... Depois, pensava: imagine-se que sou preso nestas circunstâncias, como não irão rir-se Briganti e os outros... Podia ter evitado a prisão dela, mas para me salvar cheguei a acusá-la... Porque eu acusei-a, Benedetto.

Benedetto sorriu.

— Sê modesto. És um homem, nada mais que um homem.

— O que me preocupa, sabes?, é que tenho um argumento a meu favor: o de que sou mais necessário em liberdade do que...

— E és.

— Acreditas? Conheces-lhe a vida para poderes afirmar uma coisa dessas?

Benedetto ficou em silêncio.

— Talvez — disse depois. — Nunca se pode ter a certeza.

— Fui abjecto... Pergunto-me se não terei a obrigação de procurá-la, se não deverei, de qualquer modo, reparar o que fiz...

Benedetto sorriu:

— E casar com ela, seria tão romântico!

— Fui abjecto.

TRIGÉSIMO PRIMEIRO QUADRO

Sentaram-se na areia. Em silêncio, à sombra dos pinheiros. E ambos pensavam no primeiro dia que ali tinham estado. Pensavam, mas sem trocarem uma única palavra. Até que Rosabianca disse:

— Deixa o passado, Giovanni.

Fazio perturbou-se.

— O passado?

— Não estavas a pensar na outra vez em que viemos aqui? Giovanni pegou na mão de Rosabianca e afagou-a docemente.

— Estava.

— Porque havemos de gastar o nosso tempo a pensar no passado?

— Não sei.

— O passado só serve para nos envenenar a vida. — Olhava um barco no horizonte.

Rosabianca insistiu:

— Não estavas a pensar que da outra vez tudo foi mais belo?

— Talvez... — Pegara num ramo seco e dobrava-o levemente, a medir-lhe a resistência. — Mas não é que eu ligue muita importância...

— Ligamos, ligamos.

— Sim. — O ramo partiu-se com um estalido seco e ela tirou-lho das mãos.

— E perdemos a beleza deste momento — disse, acabando de quebrar o ramo. — Não é bom estarmos aqui os dois, sós?

Giovanni meteu os dedos abertos por entre os cabelos de Rosabianca.

— Mas estás a falar contigo, Rosabianca, e não comigo. Eu não disse que não era belo.

Rosabianca mudou a posição das pernas (um espaço de tempo em que os joelhos ficaram descobertos) e riu-se, compondo as saias.

— Estou a falar com ambos, Giovanni. Ouve... Porque fomos capazes de criar uma situação de felicidade e não sabemos mantê-la?

— É mais fácil construir.

— É.

— É da história. É da essência do triunfo, perdê-lo depois de obtido.

— Achas? Não podemos permitir, pois não, Giovanni?

— Não — concordou ele.

— Dizes não como se dissesses sim.

— Não, não podemos permitir, querida Rosabianca. — Beija-lhe a testa, beija-lhe os olhos.

— Quando se alcança um objectivo — recomeçou ela —, na maior parte das vezes, comportamo-nos como se isso fosse o fim. Ainda não terminámos, pois não, Giovanni?

— Não. Continuaremos a sonhar.

— É isso. Quando se deixa de sonhar, é porque tudo terminou. Não deixaste de sonhar, Giovanni? — quis saber, e abraçava-o e encostava-lhe a cabeça ao peito e beijou-lhe os ombros.

— Não — respondeu ele, apertando-a com força e seguindo com os olhos um barco à vela.

— Quando te deitas e as luzes se apagam — insistia Rosabianca, os olhos fechados, a cabeça escondida no peito de Fazio —, em que ocupas o tempo...?

— Antes de adormecer? Sonho.

— Como eu. Será terrível o dia em que me deite e não sonhe acordada. — Afasta a cabeça e observa demoradamente Giovanni. — Quem não sonha é porque não espera mais nada da vida. É sentirmo-nos completos, desgraçadamente completos.

— Ou desiludidos.

— É o mesmo. Eu sonho. E tu? Com que sonhas tu, Giovanni?

— Tanta coisa...

— Faço parte dos teus sonhos, ainda estou no teu futuro?

— Nunca deixarás de estar.

— Falas sinceramente, Giovanni?

— Seria um homem desesperado — responde, apertando-a sempre — se um dia descobrisse que já não fazias parte dos meus sonhos do futuro. — O barulho do mar chegava, nítido, até aos ouvidos de Fazio. — Não, Rosabianca. Fecho os olhos e tu ainda lá estás, lá à frente, lá no futuro, lá com os cabelos verdes.

— No alto dum quarto andar? — Agora foi Rosabianca que ouviu o ruído das ondas. — Estou, Giovanni?

— Vejo-me casado contigo. E ponho-me assim a pensar: o dia em que o Mussolini cair, o povo todo nas ruas gritando «vitória!», os edifícios cheios de bandeiras, as colchas à janela, os sinos... — Rosabianca foi visionando a cena. — Vejo-me nesse dia e sabes quem está ao meu lado e tão feliz como eu?

— Não — perguntou, querendo ouvir a resposta, querendo ouvi-la da boca dele em vez de imaginá-la.

— Tu, Rosabianca Fazio.

— Rosabianca Fazio. — Repetiu, a experimentar se lhe soava bem aos ouvidos: — Rosabianca Fazio...

Calaram-se.

— É verdade que não me separas desse dia? Dize lá...

Ele sorriu.

— Dize.

Sorriu.

— Já disse...

— Repete.

— Já disse, Rosabianca.

— Giovanni! — Encostou de novo a cabeça ao peito de Fazio, que lhe acariciava a testa e os cabelos. — Repete, repete, Giovanni — pede-lhe, o coração nos lábios.

Fazio olhava o mar, a linha de espuma frágil que se cingia à praia; e dois barcos, um maior, outro mais pequeno, que navegavam aparentemente um contra o outro. Às vezes, era-lhe difícil compreender que em cada um daqueles barcos pudesse ir gente, homens, mulheres, crianças. Que coubessem naquelas dimensões tão pequenas. Uns debruçados sobre a amurada, outros sentados, outros de pé, uns a dormir, outros não. Uns alegres, outros tristes e outros coisíssima nenhuma. E todos ignorando-o, não suspeitando, sequer, que ele existe: porque Giovanni ainda pensa que *eles* vão lá, mas *eles* não sabem que Giovanni está ali.

Reconheces tu a existência de Rosabianca, que está ao teu lado e que docemente afagas?

Reconheço.

— Não te separo desse dia, Rosabianca. Fazes parte dele. Ela levantou a cabeça e tinha os olhos húmidos. Porquê?

— É bom estar no futuro de outra pessoa — disse. E acrescentou: — Tu continuas no meu futuro, Giovanni. Às vezes vejo-me em casa a ler... E também estás ali ao meu lado. A ler outro livro, mas ali. — Dirige os olhos para o mar. — Vês? Não parece que os barcos vão chocar um com o outro?

— Fomos todos educados de uma forma tão egoísta.

— Acabaremos com o egoísmo.

— Acabaremos.

Olharam novamente o mar. Os barcos, cada vez mais perto. Um branco, outro negro.

— Dize lá outra vez que estou no teu futuro!

— Estás no meu futuro.

— Repete.

— Estás no meu futuro.

— Outra vez...

Giovanni riu-se:

— Estás no meu futuro.

— É bom estar no teu futuro. — Apertou-se com um arrepio contra Giovanni.

Levantaram-se e foram lentamente, os olhos no chão, os olhos nos pés, até a beira-mar.

— Nunca chegámos a ir a São Marcos — disse Rosabianca.

— É verdade! — Recordou-se desse dia. — Sabes que entrei de propósito para me encontrar contigo? Estava à janela do Soldati quando te vi passar.

— Que dissemos nós?

— Nada, tudo correu tão mal...

— Tudo correu tão bem!

Os dois barcos tinham virado as costas um ao outro e o espaço entre eles ia crescendo.

E quando foram apanhar o autocarro a Tirrénia souberam a grande notícia: as tropas alemãs acabavam de invadir a Polónia. Primeiro, não fizeram qualquer comentário. É a guerra, é a guerra, repetiam. Como se tivessem caído num fundo abismo e ainda não tivessem recuperado completamente os sentidos.

Perto de Florença, Fazio disse-lhe:

— Serias capaz de casar comigo? Já?

— Porquê, Giovanni?

— Já? Dentro de quinze dias, o tempo só de tratar dos papéis?

— Sou, Giovanni.

Aproveitaremos o tempo que nos resta para ser felizes, pensou Fazio. Agora não há mais amanhã e todos seremos destruídos: o justo e o injusto, o bom e o mau.

SEGUNDA PARTE

PRIMEIRO QUADRO

Vencida a Polónia, o receio, o terrível receio de que a guerra significasse a morte para o justo e o injusto, criou raízes em Fazio e encheu-o de pavor: «Não, pensou, não será destruído o justo e o injusto, mas somente o justo.» Então convenceu-se de que a guerra seria a destruição de tudo quanto acreditava e o ponto final nas aspirações humanas por um mundo onde a riqueza estivesse mais justamente distribuída e o espírito pudesse ser mais livre. «Como pude eu, tantas vezes, esperar desta guerra a nossa salvação?»

E sentia-se envergonhado, como se tivesse sido ele o responsável. «Desejei a guerra, pensou, e portanto sou culpado. Todos a desejámos — nós, os homens justos — e portanto somos culpados. Todos. Todos, justos e injustos, no fundo dos nossos corações a desejámos! Mas não morreremos todos, só os justos morrerão.»

Soldati! Não, não poderás citar outros argumentos nem outras esperanças. Fala do heroísmo dos polacos. Fala, fala nisso muitas vezes. Proclama que contra tamanha força nada era possível fazer. Esquece as tuas ilusões, as ilusões de que o exército polaco... Não, não. Fala do heroísmo, do heroísmo. E dispões, afinal, de outras ilusões:

— É impossível que o exército alemão não tenha sofrido perdas incalculáveis. (Esquece o que dizias — que os polacos resistiriam ao ataque — e contenta-te com a ideia de que infligiram decerto aos alemães perdas incalculáveis.)

— Meter-se-iam na guerra se não soubessem que têm força suficiente para vencer? Não contariam, até, com maior resistência? Nós não contávamos?

— Não — insistia Soldati. — Não previram a guerra, nem a intervenção dos aliados. E estoirou-lhes a castanha na boca. Terão de suportar o exército francês. Dure a guerra o tempo que durar, serão vencidos.

— E nós?

Aí estava: seria Mussolini suficientemente estúpido para se meter na guerra? Não, com certeza. E se permanecesse neutral... Permanece neutral e triunfa, será um dos vencedores. — Soldati — disse Fazio, brincando com a aliança de casamento. — Ganhe quem ganhar, aliados ou alemães, o triunfador será ele se se mantiver neutral durante os períodos indecisos e vagamente partidário do vencedor quando a vitória de um deles começar a desenhar-se.

Rosabianca disse:

— Não, não posso crer na vitória do Mussolini. Acredito com todas as minhas forças que perderá, suceda o que suceder. Se ganhasse, tudo no mundo, tudo na vida perderia o significado.

— Nada no mundo tem significado, Rosabianca.

— Tem, tem significado.

— Não. É um preconceito religioso, seja ele de que religião for, crer que há um propósito no universo ou na história do homem, que há um impulso oculto que necessariamente leva ao triunfo da justiça. Porquê ao triunfo? Tudo é cego. Triunfo ou derrota da justiça, sucederá aquilo que suceder, mas sem finalidade, sem propósito. Para que nos havemos de enganar?

— O Fazio ignora que as linhas gerais do desenvolvimento da história são conhecidas há quase cem anos e que é portanto possível prever um certo número de coisas — interveio Renatta.

— Se essas leis são conhecidas, é o que não sei muito bem. Mas ainda que tenha havido um desenvolvimento progressivo até hoje... São muitos os casos citados pelos biólogos em que a evolução levou a degenerescências. Não pode estar a suceder o mesmo com o homem?

— Nunca! — diz Rosabianca, olhando para a aliança.

— Não digo que não haja leis — recomeça Fazio. — O que nego é que a evolução tenha de ser necessariamente no sentido que nós consideramos justo. Um dia saberemos talvez com precisão que leis são essas, mas isso nada tem que ver com a justiça. Não há conexão lógica nenhuma entre as leis históricas e a justiça.

— A discussão não me interessa — interrompeu-o Soldati. — Não quero e acho até inútil discutir se as ideias justas triunfarão ou não. O nosso problema, o problema que me preocupa é este: quem tem mais força? Os Aliados ou a Alemanha de Hitler? Penso que os Aliados, penso que o exército francês é o mesmo de 1914 e além disso há a Inglaterra e, mais tarde ou mais cedo, a América e a Rússia. Penso que, justa ou injusta, a Alemanha acabará derrotada, por ser mais fraca. E isso pode favorecer-nos. Obedeça a história a leis cegas ou progressivas ou a coisíssima nenhuma. Não creio que os Aliados vençam por serem justos, vencerão por serem os mais fortes. Isso me basta, não preciso de mais.

Fazio sorriu, ajustando a aliança no dedo.

— Porque é que a América e a Rússia hão-de intervir? A Rússia até já interveio, mas contra a Polónia.

— Não estava preparada para a guerra e procurou acautelar as fronteiras.

— E o Japão? Não direi; e a Itália?, porque não creio nos tais dois milhões de baionetas de que fala o Duce. Não, Soldati. Não tenho a certeza de que a força esteja connosco.

— Tem ao menos a certeza da justiça? — pergunta Renatta com azedume.

Um silêncio. Por instantes todos olharam para Fazio, e Rosabianca foi sentar-se mais perto dele, não sabendo bem se para protegê-lo se para lhe dar confiança.

— Não tens... — disse sorrindo, benevolamente, Arnolfo.

— Tem! Tem de ter — diz Rosabianca.

Fazio sorriu também.

— A certeza não, Renatta. — Parou por uns segundos. — Mas creio com todas as minhas forças que nós somos os justos.

— Eu tenho a certeza — responde Renatta hostil.

SEGUNDO QUADRO

Vianello dobrou cuidadosamente o jornal. Depois, vendo a atenção com que Benedetto lhe seguia os movimentos, estendeu-lho, supondo-o interessado.

— Já li — agradeceu o outro. E acrescentou, bocejando: — Vou dormir.

— São horas — disse Vianello.

Benedetto começara a tirar o casaco. E a barriga surgia-lhe cortada ao meio pelo cinto demasiadamente apertado.

— Penso — começou Leonardo, desviando os olhos do ventre de Benedetto — se o meu lugar não seria em França, nas trincheiras, como voluntário.

— Era, em certo sentido, mais heróico, mais visível... Não. O teu lugar é aqui. — Poisara o casaco nas costas duma cadeira e passava um lenço pela testa.

— Que sairá desta guerra, Benedetto?

— Penso que o mundo está doente, esta guerra poderá ser perfeitamente inútil. — Benedetto era metódico. Dobrou muito bem a camisa e pô-la com todo o jeito em cima da cadeira. — Depende de muitas coisas — prosseguiu, virando-se, em cuecas, para Vianello. — Os Aliados vão ganhar, não duvido. Essa será a condição primeira para a vitória. Mas perderão a vitória? Após o combate estarão os homens dispostos a renovarem-se ou tudo acabará por ficar na mesma até que surja um novo nazismo? — Virou-se pudicamente para a parede, a fim de tirar as cuecas.

Vianello começara também a despir-se.

— Penso como tu. Estamos perante mais uma guerra ou perante uma revolução? Gostaria de saber... — Atirou, ao acaso, a roupa para cima de outra cadeira. — Se amanhã os vencedores descobrem que os seus chefes não estavam à altura e que não valeu a pena vencer... — Benedetto deitava-se já quando Vianello ainda despia as calças, voltado de costas para o companheiro. — Sim, se afinal se descobre que não valeu a pena vencer...

— A que horas é, amanhã? — perguntou Benedetto, interrompendo-o.

— Às dez — respondeu. E prosseguiu: — Apesar de tudo, tenho esperança. Não nos homens que conduzem os povos, claro. Esses serão capazes de ganhar a guerra, o passado deles não me garante que saibam, ou queiram, ganhar a paz. Um Chamberlain, um Chamberlain que ainda no outro dia aí esteve a fazer o elogio do Mussolini! Como tem ele o descaramento de dizer que combate os nazis? Combaterá tudo, mas o nazismo é que ele não combate. — Deitou-se também. — Queres que apague a luz?

— Apaga.

— Não sei, creio que o esforço de guerra, o sentimento do perigo comum, irmanará os homens, anulará os abismos que os separam. É nisso que tenho esperança: as destruições materiais serão tantas, as transformações psicológicas de tal grandeza, que surgirá uma sociedade diferente, com uma nova consciência, um maior sentido da justiça, um forte amor à liberdade. — Dissera estas palavras com a mão no interruptor, esquecendo-se de fechar a luz. Fecha-a finalmente.

— Vou dizer-te uma coisa, Vianello, e não vejas nisso qualquer condenação. Admiro-te e sei que somos irmãos, que estamos lutando pela mesma causa. Mas diz-me: sem Deus poderá haver revolução?

Ponto final na súbita escuridão, uma claridade entrava agora no quarto através das frinchas das janela. Ambos olhavam essa luz cada vez mais definida.

— Tu não crês em Deus, Vianello, e eu sei que és bom e puro. Sei que é possível haver homens bons e puros sem crerem em Deus. Mas será possível criar um mundo verdadeiramente novo sem Ele?

— Ah, Benedetto! Poderia responder-te: tu crês em Deus e eu sei que és puro e bom e que há homens puros e bons que crêem em Deus. Não, a única coisa que me interessa é isto: podemos ser irmãos, no fundo estamos de acordo acerca duma porção de coisas essenciais. Diferimos num ponto, na metafísica. As nossas metafísicas são diferentes, mas que interessa... Penso que essas metafísicas não serão um luxo... Materialistas ou místicos, não haverá coisas mais importantes que nos podem unir?

— Não, Vianello.

— Seja como for: é mais importante haver coisas que nos unem; falemos do que nos une...

— Ouve, Vianello: no Livro de Daniel a história do universo é considerada um prelúdio ao Reino de Deus. — Virou-se na cama para o outro lado. — Se não acreditarmos, como acreditaremos no futuro? Se a história não tem esse significado, se não cremos nesse significado divino, que esperar, como esperar a justiça? Então tudo seria cego, tudo poderia acontecer. É o amor, a crença em Deus que nos pode garantir que, ao fim, a harmonia, a paz, a felicidade, serão alcançadas.

Vianello estava deitado de lado, as pernas encolhidas, quase a dormir.

— Creio nos homens.

— É pouco, Vianello. O homem descobriu processos técnicos que lhe permitem viver mais ou menos despreocupado e na abundância. Foi a mais espantosa das descobertas. Hoje ele sabe como viver na fartura, como obrigar a terra a produzir mais, como ir buscar ao oceano e até à atmosfera a comida de que necessita. Sabe como realizar a riqueza, como realizá-la para todos. E depois? Um bilião de homens têm fome, outro bilião está subalimentado e só uns quatrocentos milhões possuem telefone ou rádio. Abandonou Deus e não soube utilizar o que descobriu. Graças à técnica, poderia ser feliz, mas como ignorou Deus só atendeu ao lucro e deixou escravizar-se pelo que deveria ter sido o seu instrumento de libertação. — Cala-se ao perceber que Vianello dorme profundamente. — Estás a dormir? — pergunta baixinho. O outro não respondeu. Curioso (pensa Benedetto), os homens preferem dormir.

TERCEIRO QUADRO

Pronto! Pela primeira vez, há longos meses, sentiu o espírito ligeiro, o coração feliz. E era tão fácil ser feliz!, pensou. Tão simples! Pôs-se a assobiar. Há quanto tempo não assobiava? É bom! Ah, esse sentimento de liberdade, de identidade consigo mesmo, de equilíbrio! Livre! Como se tivesse regressado à pátria depois de muitos anos de ausência. E fora tudo tão simples! Estava num café, Briganti ia a passar e sentou-se. Poderia ter falado de outras coisas, mas não; Briganti nunca perdia uma oportunidade de ser desagradável. «Os teus amigos falam em tolerância, na necessidade de respeitar as ideias alheias — dissera, mais insolente (ou seria somente impressão) do que nunca. — Respeitam eles as tuas? — acrescentara. — O que eles querem é que respeitem as deles.»

Não respondeu, deixou cair. Para quê? Verdadeiramente, seria o seu papel defender Soldati, ainda que Soldati tivesse razão? Não, deixou passar, deixou que o outro continuasse. Enquanto Briganti falar — disse consigo mesmo —, contarei o número de copos que há nestas mesas. Havia trinta e dois e dispôs-se então a contar o número de cadeiras. Quando ia na vigésima terceira, apurou o ouvido. Oh, era como se Briganti tivesse permanecido calado durante aquele tempo, de tal modo o que dizia era a continuação do que dissera! «Por mim — acrescentava —, penso que a amizade está acima de tudo. Não deixaria de continuar teu amigo se amanhã te fizesses meu adversário político.» Era Briganti que falava assim. Ah, aqui não resistiu mais, não chegou mesmo a contar a vigésima quarta cadeira (para que contar o número de cadeiras, que interesse tem...).

— Olha, Briganti — respondeu-lhe —, isso é um luxo. É difícil a um homem perseguido ter desses luxos.

— O quê? — admirou-se o outro. — Será que desculpas a atitude deles para contigo?

— Nem desculpas, nem meias desculpas. Briganti. Uns falam, outros não, cada um reage como entende, mas eu compreendo que alguns velhos amigos prefiram não me ver.

Sim, o espírito calmo, fresco e livre. Como se reentrasse no mundo, como se, de novo, fosse irmão de quantos homens ali passam. «Olá, amigo! Como se chama? Eu sou Domenico, Domenico Villani. Nunca ouviu falar? Não importa. Sou um homem como você. Ah, já se sabe, somente um pouco pior. Alguns defeitos terríveis. Mas quê? Você também tem defeitos, não? Todos os temos, meu amigo. O importante é estarmos aqui a falar. Em que ocupa o tempo? É casado? Tem filhos? Não, não me interrompa. Desculpe-me, mas não me interrompa. Ah, se você soubesse o que eu lhe poderia contar acerca de mim, da minha história. Mas não se aflija, não vou falar de mim. Não. O que me interessa é você. Quero ignorar-me. Ah, bem sei como é difícil, esse *moi haïssable*, difícil! Pelo menos, deixe-me dizer apenas uma coisa acerca de mim mesmo. É verdade! Como é bonita a cidade, já reparou? Estive anos e anos na Argentina. Talvez na Venezuela, talvez nos Estados Unidos. Se soubesse como tudo agora me parece diferente. Não, não é diferente. Eu é que durante todo este tempo fui diferente. Não, não. A cidade continua a mesma, está como eu a conheci, quando era menino. Está igual e eu reencontro-me nela. Acabo de chegar. Tinha, tinha lá um emprego, não era muito, mas sempre ia ganhando alguns cobres. Ora! Deixá-lo! Preferi voltar e ainda bem: se soubesse como me sinto feliz! Há quanto tempo não via estas casas, oh como estava esquecido da minha cidade! Não, não estava esquecido. Aqui é a praça de Miguel Ângelo, vê como não estava esquecido? Recordo-te lá em baixo, velha torre, e tu, Campanilla, e vós, lá ao longe montes de Fiesole. As casas, este céu, este rio. Lá está: Santa Croce. Ruskin, Giotto. Galileu.»

— Não te percebo — tinha dito Briganti. E Domenico teve medo:

— Nada. Acho natural.

— Não é grande pecado ter medo. Não tenhas vergonha do medo, Domenico. Eu também tenho. E um medo terrível! — Domenico sorria. Olhava para Briganti, o perfil côncavo de Briganti. — Quando te deitas, Briganti, em que pensas? Quando estás só, quando te retiras pela manhã para fazer qualquer necessidade, em que pensas, Briganti? Como? Tens prisão de ventre? Necessitas de toda a concentração dos músculos e do pensamento?

— Sentes-te feliz? — perguntou.

— Feliz? Porquê? — Era uma estranha pergunta; uma difícil, muito difícil pergunta. «Sim, ali está Santa Croce, pensou. Alfieri dormindo o sono dos justos. Da Argentina? Da Venezuela? De qualquer país longínquo. Acabo de chegar. Como tudo isto está na mesma, como eu me reencontro olhando para ti, lá em baixo, Santa Croce, para ti, querida cúpula, para ti, também, querida Estação de Caminho de Ferro, tão gentil, tão elegante ao pé de Santa Maria Novella. Sim, sou feliz!»

— Pergunto — dissera Briganti: — Durante muito tempo tiveste ideias confusas, teias de aranha no espírito. Querias a igualdade. Como? Se todos os homens são diferentes, se uns são mais espertos do que outros, se uns desejam ir ao futebol, outros ouvir uma sinfonia, outros ficar em casa a ler um livro ou o jornal.

Deixou-o falar.

— Mas és feliz? — insistiu.

— Não sei.

— Não sabes?

— Não, não sou feliz. Mas não te aflijas — acrescentou. — Já antes não era. — Disse: — E aí é que bate o ponto... Qualquer atitude que tomemos será sempre pior... Seremos sempre felizes. — É aqui, Domenico, precisamente aqui, que tudo vai começar. Eis chegado o momento. Não hesites, terás de dizer essa frase, di-la quanto antes: — Ao menos esta infelicidade rende-me um emprego...

Briganti compreendeu que ouvira qualquer coisa que não deveria ter sido dita, que não era de esperar, que era pouco provável que pudesse ser dita?

— Hem? — admirou-se, não acreditando, como se essa interjeição fosse capaz de modificar o mundo e o natural correr das coisas. — Que queres dizer?

— Nada, Briganti — replicou Domenico, sorridente. E sorridente continuou. É o sorriso dum homem feliz que observa Santa Croce, lá em baixo. Que é livre, que está a cantar, a cantar, muito de mansinho, aquele tema do primeiro andamento da Sétima de Bruckner, aquele que se repete e se prolonga ao longo da sinfonia. Sim, regressado à pátria (oh, minha irmã!) depois duma tentativa falhada noutro continente. Regresso à pátria, regresso à pátria.

— És muito estranho, Domenico. Creio que não perdeste o teu individualismo, o teu espírito anárquico. Falta-te ainda uma formação sólida. Não tens lido os discursos do Duce?

— Tenho. Às vezes. — E a frase necessária: — Mas não te parece, Briganti, que são puro palavreado, que ele é um imbecil?

Briganti gastou alguns segundos a observá-lo. E Domenico está a vê-lo no dia em que a polícia entrou no liceu. A vê-lo a andar de um lado para o outro. «Em que costumas pensar, Briganti? Quando estás só: quando te deitas, momentos antes de adormecer? Sonhas? Quais são as tuas outras esperanças? Tens uma namorada? Deseja-la e és feliz?»

— Estou a desconhecer-te. Que queres dizer?

— Estamos sós, Briganti — disse Domenico, aproximando-se mais dele e perseguindo-o com os olhos. — Ninguém nos ouve. Porque não havemos de ser sinceros? Nós não somos nem deixamos de ser partidários do Duce, até porque o Duce não é nada, pois não? Queremo-nos arranjar...

Um dia — quando foi? — a irmã deu-lhe uma laranja. A única vez que lhe deu uma laranja e foi uma coisa sem razão nenhuma, não fazia anos, nem nada. Mas deu-lhe uma laranja. «Gostaste que eu ta tivesse dado?» — perguntou, mal ele acabou de comer. Franziu a testa, sem resposta. No dia seguinte, deu uma laranja à irmã. «É bom receber um presente», disse Clara.

— Será que me enganei? Não eras sincero? Não eras puro?

— Olha aquela rapariga tão bonita — respondeu Domenio, apontando uma rapariguinha (dezassete, dezoito anos?).

— Não eras puro? — insistiu Briganti.

— Puro? Mas quê, Briganti? Exigiam-me pureza? Não será pedir de mais?

— Domenico! — Briganti estava vermelho, o perfil encurvava-se ainda mais.

— Estamos sós, Briganti — disse, calmamente. — Ninguém nos ouve, podemos dizer a verdade, ser sinceros… — Piscou os olhos. — Quando serei administrador duma companhia?

Briganti tinha-se levantado.

— Não te esqueças de pagar a tua despesa, Briganti — acrescentou Domenico, porque o outro, absolutamente perdido, quase se esquecia. Não achava troco.

— Queres uma ajuda? — propôs Domenico, o coração feliz.

Briganti não teve paciência para esperar, deixou dinheiro em excesso e foi-se embora.

— Perdi o emprego? — pergunta-lhe alegremente Domenico.

Isso. Pela primeira vez havia longos meses sentiu o espírito ligeiro, o coração feliz.

— Sou feliz, Briganti. Feliz!

É tão fácil ser feliz, pensa. É tão simples... Há quanto tempo não assobio eu? *Voi che sapete che cosa è l'amore*... Era bom assobiar. Tão bom! Ei-lo livre! Livre! Não, não voltaria ao emprego. Livre! Como se reentrasse no mundo, um mundo de que ele mesmo se expulsara, como se de novo se tornasse irmão daqueles homens ali, como se tivesse regressado à pátria depois duma tentativa falhada num outro continente. Regresso à pátria, regresso à pátria!

Subiu para um autocarro. Outros temas da sinfonia de Bruckner acudiram-lhe à memória. Que bom era assobiá-los e ver quão diferente saía o assobio da imagem que tinha na cabeça! Nova tentativa e falhava. Mas era bom, apesar de falhar. Desce. Olha em volta. Entra na Capela Brancacci e fica a ver o anjo terrível a expulsar Adão e Eva do Paraíso. Senta-se. Que bom! Sim — diz de si para si — estive anos e anos na Argentina ou na Venezuela. E agora cheguei. Expulsei-me a mim mesmo daquele paraíso e acabo de chegar a este mundo habitado por homens. Sem medo, sem tapar os olhos, feliz! Oh, como estava esquecido!

Não, não estava esquecido. «Recordava-te, velha torre, recordava-te, Campanilla, e vós, lá ao longe, montes de Fiesole. As casas, este céu, este rio. Lá está: Santa Croce, Giotto, Ruskin. De tudo andava afastado, de tudo! Ainda me reconhecerás, cidade onde nasci? Ainda me aceitarás, eu que te voltei as costas durante tanto tempo, cidade das flores? E tu, Soldati? Todos... Ainda me reconhecereis? Ainda vos lembrareis de mim? E tu, minha irmã...»

QUARTO QUADRO

Se eu quisesse marcar com rigor o momento preciso em que casei — pensa Rosabianca —, que instante deveria assinalar? — Não resiste à tentação de um pontapé numa caixa de fósforos, mas esse pontapé não significava raiva, antes o desejo de brincar. — Quando? Durante um certo período da minha vida fui solteira, depois fiquei casada. Mas quando? — De súbito, repara que não é difícil obter uma resposta: casou-se no instante em que o funcionário do registo civil... — Não, não. Isso não me interessa, isso não é nada. Não foi nesse momento. Esse foi o momento em que casei para os outros. Mas eu quero: o momento em que a minha vida se modificou, o momento em que a senti dividida em duas partes: para diante e para trás. O momento em que tudo se tornou diferente; o momento em que Giovanni passou a ser um pouco de mim mesma. Quando? Quando? — Entra numa leitaria. Apetece-lhe subitamente um bolo.

— Aquele! — aponta.

— Este? — responde o homem, designando-o com o alicate.

— Sim.

Vê-o hesitar.

— Desculpe, minha senhora — atreve-se ele —, tem a testa enfarruscada.

— Onde? — Puxa do espelho. Ali. Tira um lenço (aborrecido; o lenço estava sujo, esquecera-se de o mudar). Esfrega a testa.

— Obrigada — diz. Pega no bolo e sai. Comê-lo-á pelo caminho. — Porque esse instante (prossegue, como se nada se tivesse passado) tanto poderia ser antes, como depois do casamento legal. Não, não foi quando o homenzinho do registo os casou. Até teve vontade de rir, o discurso fora tão vulgar, tão estúpido! Giovanni quase se desmanchara também. — Limpa os dedos ao lenço. — Não, nesse instante nada aconteceu. — Pára em frente de uma montra: um vestido bonito, pensa. — Nem antes, sim, nem antes. Vejamos: conheci Giovanni, conversámos e foi bom, foi bom conversarmos, andarmos de braço dado, beijarmo-nos, sonharmos com o futuro. Mas não havia diferença. Eu era a mesma. Ou não? — Hesita e, enquanto hesita, fica parada no meio do passeio. — Sim, sim, eu era a mesma. — Recomeça a andar. — A mesma. — Vê o pai do outro lado do passeio, mas está de costas a conversar com Amati, Rosabianca desvia os olhos para não ser obrigada a parar. — Foi depois, bem depois. Quando? Em Siena, decerto.

— Enquanto estivermos em Siena — dissera ele —, não existe mais nada, não há guerra, não há nada, existimos somente nós os dois.

— Teremos esse direito, Giovanni?

— Temos.

— Teremos, teremos esse direito?

Em Siena (ah, o resto do mundo, quem diria?, continuara a existir; tinham comprado o jornal, tinham falado de tudo, não tinham existido apenas os dois, tinham comprado o jornal). Em Siena? Mas quando? Sem dúvida: num dado instante sentiste que eras outra, que a tua vida, os teus interesses, os teus desejos, os teus egoísmos eram outros. Não que tudo tivesse desaparecido, claro. Muitas coisas haviam ficado e tu continuavas a ser tu. É difícil de explicar: mas era um renascimento, qualquer coisa se tornava diferente, a tua vida ganhava um novo sabor, uma nova tonalidade. Foi isso? Quando?

Em Siena. — Desvia os olhos para os jornais expostos na parede. O *Graf Spee* refugiado em La Plata. Começa a ler os títulos. Sim, a Alemanha perderia. E o que estará a pensar Mussolini neste momento?

Em Siena? No Campo, em frente do palácio comunal? Junto à fonte de Della Quercia? Olhando a torre esguia? Perto da catedral? Na Rua de Santa Catarina? Observando Duccio? Simone Martini e o seu cavaleiro recortado no azul? Os *Efeitos do Bom Governo*. Não. Não. Quando?

Senta-se no muro que dá para o rio, o jornal nas mãos. Deixa-o cair para vê-lo poisar na água. Não fora em Siena. Levanta-se. Tinha de andar, de andar, de andar. E desvia os olhos para o jornal, que lentamente se vai deslocando. Muda o rumo das ideias. E quer experimentar a memória, uma poesia que decorou muitos anos antes ao aprender inglês:

My heart leaps up when I behold
A rainbow in the sky
So was it when my life began,
So is it when now I am a man,
So be it when I shall grow old,
Or let me die!
The child is father of the man:
And I could wish my days to be
Bound each to each by natural piety.

Quando transpôs a porta da rua ouviu passos na escada, bem lá em cima; são de Giovanni, apostou.

— Giovanni? És tu?

Rosabianca viu o rosto dele a espreitar pelo vão da escada.

— Giovanni: sentes-te casado comigo? — Correra para ele. Estavam na frente um do outro.

— Que queres dizer, Rosabianca? — responde, sem perceber a pergunta, e apanhado de surpresa.

— A tua vida é diferente?

— Mas, Rosabianca...

— Sabes a grande descoberta que acabo de fazer? Digo-te ou não? — Foram subindo lado a lado as escadas. — Digo-te ou não?

— Dize, claro...

— Digo: há pouco estive assim a pensar... — Parou, para permitir que Giovanni aplicasse toda a sua atenção a escolher, no escuro, a chave da porta e a encontrar a fechadura. E Fazio abriu-a e debruçou-se para apanhar uma carta que estava no chão. Não conheço esta letra, pensou, colocando o sobrescrito em cima da mesa. Rosabianca fechara a porta. Fazio virou-se. Então?, disse com os olhos.

Rosabianca tira o casaco e encaminha-se para a sala de estar. Fazio segue-a.

— Descobri...

— Um instante — diz Giovanni —, tenho uma sede terrível. — Dá um salto à cozinha e regressa passados momentos.

— Descobri — diz ela sem se voltar — que não foi em Siena que me casei contigo.

— Em Siena, Rosabianca? — Giovanni não compreendia. Aproximara-se dela e abraçava-a pelos ombros. Rosabianca dá meia-volta.

— Nunca fui a Veneza — disse, de repente.

— Um dia iremos lá. Mostrar-te-ei a Scuola de San Rocco.

Rosabianca corta-lhe a frase.

— É muito grave o que tenho a dizer. Nem em Siena, nem cá. Ouve, Giovanni: volto-me para dentro de mim e pergunto... — Olhou-o bem nos olhos e o tempo passou. Estavam calados.

«Não digas nada de irremediável, Rosabianca. Tudo é remediável, só as palavras não. Não digas, não digas certas palavras», dizem-lhe os olhos de Giovanni.

— Devo dizer!

«Contanto que não digas certas (nem sei quais), certas palavras», responderam-lhe os olhos de Giovanni. «Porque se tiveres de dizer essas palavras, então antes o silêncio, antes o silêncio...» Mas de que tinha medo?

— Descobri que não mudei de vida. É como se tudo continuasse igual. Mudei de vida e, ao mesmo tempo, não mudei de vida, Giovanni. Eu ainda não casei, se casar é mudar de vida. Diz-me, Giovanni, não sentes o mesmo, sentes-te outro, sentes que há uma grande diferença entre a vida que vives comigo e a outra, antes de eu aparecer?

— Não pensei nisso, Rosabianca.

— Como é possível que não pensasses?

— Nunca penso nessas coisas.

Sentados. Ele acendeu um cigarro.

— Nunca pensas nessas coisas... Em que pensas tu, Giovanni? Às vezes estamos os dois sentados, à noite, como agora. Tens um livro na frente, mas bem vejo que não estás a ler. Estás a pensar. Em que estás a pensar?

Giovanni teve um gesto vago.

— Sei eu agora!

— Não, Giovanni. Para o que pensas, deverias ser um escritor ou coisa parecida e tu não escreves. Nem sequer te vejo falar muito para pressentir, através das palavras, as tuas meditações.

— Ouve, Rosabianca. Tinhas alguma ideia definida acerca do que era o casamento?

— Definida? Não. — Olhou para um quadro que estava na parede: uma reprodução colorida de Macke com longas manchas azuis, amarelas, verdes, vermelhas, negras. — Sabia apenas que deveria ser uma coisa diferente.

Fazio observava o mesmo quadro, mas estava a sentir coisas diferentes: via o homem do barco a olhar para as lavadeiras, e não como Rosabianca, apenas manchas coloridas.

— Sabes, então? — diz Fazio. — Diferente... Mas que queres, que querias dizer? Não tenhas ilusões. Não haverá coisas diferentes. Nesse sentido, então, nunca casarás comigo...

Rosabianca desviou os olhos para o cinzeiro que Renatta lhe oferecera no dia dos anos.

— Não haverá um momento em que eu possa dizer: ah, agora é diferente, diferente? A minha vida alterou-se, o seu centro de gravidade é outro...?

— Não haverá — responde Giovanni, pondo o cigarro no cinzeiro de Renatta.

— E tu conformas-te? — Levantara-se com o cinzeiro na mão e desapareceu. Quando voltou, trazia um casaco de lã e o cinzeiro vinha limpo de cigarros. Giovanni lia um livro.

— Morreria se soubesse que a minha vida continuaria sempre a ser isto...

— Para ti o casamento era, assim, um seguro de vida contra ti mesma? — ataca-a Giovanni, desistindo da leitura.

Primeiro, não respondeu. Depois, voltando a olhar para o Macke:

— Mas tu não sentes...?

Giovanni desejaria mudar de conversa. Por qualquer razão que nem ele sabia explicar, aquele diálogo irritava-o, dava-lhe a ideia de que estava a perder tempo inutilmente.

— Não sentes...? — insiste Rosabianca.

— Para te dizer com franqueza — responde Fazio —, não sei.

— Não queres saber, dize antes. Como é possível?

Hesitou e aproximou-se do marido. Senta-se no chão, apoia o queixo nos joelhos dele e com os olhos a brilhar encara-o. — Ouve, Giovanni. Preocupas-te com o futuro, com o dia de amanhã?

Por um momento ele não replicou. A seguir disse:

— Nunca dei por isso. Não. É estranho, mas não. — Passa as mãos pelos cabelos de Rosabianca. — O futuro é-me quase totalmente indiferente. Só vivo das preocupações presentes.

— Que horror!

— Porquê?

— E por isso não fazes nenhum esforço por mim com vista ao futuro. Sabes, Giovanni? Há coisas que só agora compreendo. Tu não constróis o futuro, não fazes sacrifícios pelo futuro. És diferente de mim. Eu faço às vezes muitas coisas que me custam, mas para o defender, entendes? Ontem, quando te pedi para sairmos à noite, não quiseste, não te apetecia. E não pensaste que, acompanhando-me, defendias o teu futuro, construías o nosso futuro...

Via-a exaltada, as faces vermelhas, os olhos brilhantes, e o desejo invadiu-o. Debruçou-se, calou-lhe a boca e o silêncio renasceu. As mãos de Giovanni desceram ao longo do tronco de Rosabianca e depois subiram. Mas tinham descido por fora da camisola e subiram por dentro. Um segundo, dois segundos, três segundos... Subiam por dentro, tacteavam-lhe a nudez da pele, desapertavam-lhe o soutien, esmagavam-lhe o seio pequeno.

A campainha da porta.

— Faze de conta que não está ninguém — diz Fazio.

— Sim — responde Rosabianca, sentando-se nos joelhos de Giovanni.

Mas a campainha repetiu de novo.

— É capaz de ser Soldati. — De facto, Soldati tinha-lhe dito que passaria por casa deles.

E era.

Ao entrar deu com as cortinas novas. Voltou-se para Rosabianca.

— Que cortinas tão bonitas! Não as tinham da última vez pois não?

— Gosta? — responde Rosabianca.

— Tenho a impressão de que não dizem muito bem com o resto — diz Fazio.

Soldati apalpou-as, imaginando-lhes a consistência. Olhou para o sofá e respondeu que não, achava que diziam muito bem com a mobília.

Rosabianca:

— Então o *Graf Spee*, hem?

Soldati abre-se num enorme sorriso.

— Formidável!

— Qual história! Não é verdade que coisas como essas podem afastar Mussolini da guerra, o que seria muito mau para nós?

— Estive há pouco com o Marcello — acrescenta Soldati, sentado na cadeira onde antes estivera Giovanni e olhando para o quadro de Macke. — Quem são os homens de amanhã, Fazio?

— Em que sentido?

— Já reparaste, Fazio, que vinte e tal anos de ditadura afogaram a nossa imaginação? Onde estão os homens de amanhã?

— Não somos nós? — diz Rosabianca, entrando com uma bandeja, e atenta à garrafa de conhaque e aos copos.

— Espero que não — responde Giovanni. — Mal deste país se os homens de amanhã fôssemos nós. Eu, pelo menos. — Pega num copo. — Aqui me declaro: estou afogado — leva o copo à boca —, estou afogado, nunca tive uma experiência de liberdade e essa falta de experiência e a consciência da pouca-vergonha de tudo quanto me rodeia asfixiou-me, fez-me descrente. — Bebe. — E grande parte de nós somos descrentes... — Pára. — Mais, Rosabianca — diz, estendendo-lhe o copo.

— Não bebes mais — opôs-se ela. — Afirmou: — A confiança voltará, tenho a certeza.

— Às vezes ponho-me a olhar para os políticos de amanhã — recomeça Fazio. Levanta-se e enche o copo. — Quem serão eles? Geremi? Maruffi? E também muitos dos antigos. Quando Mussolini desaparecer, serão os Muruffi que vão substituí-lo? Iremos ter outra vez um governo hoje, outro amanhã? Regressaremos à situação antiga da politiquice que ignora os verdadeiros problemas, a essa situação que gerou Mussolini? Iremos gerar outro Mussolini?

— Ignoras os homens novos, mas tenho a certeza de que existem, Giovanni. — Aproxima-se dele e tira-lhe o copo da mão. — Diz-me que também tens a certeza... Dize-me, vá...

— É difícil.

— Dize.

Arnolfo Soldati

— Creio que tens razão. Estamos esmagados. Envenenados. Sem fé. Não soubemos o que era ser livre. E o Mussolini aniquilou-nos.

Rosabianca:

— Às vezes penso que vocês se deleitam com esses desabafos. «Estamos esmagados, o Mussolini aniquilou-nos o espírito, deu cabo de nós.» Mas a prova de que não é assim é que estamos aqui a discutir... Não, não creio. — Rosabianca mantinha-se de guarda ao copo de Giovanni. — Continuam a ter confiança, mas insistem em dizer que não. Porque será?

— Talvez porque a geração da Rosabianca não é a nossa... Rosabianca veio depois — sugeriu Soldati.

— Não — interrompe-o Fazio, apossando-se do copo («Giovanni!»). — Quando tínhamos a idade dela, pensávamos como ela. A quebra foi depois. Será pouco a pouco que Rosabianca irá desesperando. — Outro gole de conhaque.

— Não desesperarei, Giovanni. Não bebas mais, não? — Pausa. — E dar-te-ei de novo a fé. Não é verdade que o nosso casamento falharia se eu não te desse outra vez a fé? Um momento. — Tira-lhe o copo e sai.

— Ouve, Fazio. Costumas conversar muitas vezes nesse tom com a Rosabianca?

— Porquê?

— Não será uma traição a ti mesmo matares a confiança da Rosabianca?

— Mas eu não lha quero matar, que ideia! — Silêncio. — Tens razão. Várias vezes tenho jurado nada dizer que possa diminuir-lha. Mas esqueço-me.

— Porquê? Para quê tal diálogo? Esperas ainda ser convencido por ela, esperas ainda a velha fé. Digo a verdade?

— Não compreendo.

— Compreendes-me... Amaste Rosabianca porque ela era a promessa de te rejuvenesceres, de regressares à fé primitiva. Queres voltar a crer, a acreditar no amanhã, a lutar. Queres reconquistar a tua juventude.

«Mas falhei, falhei», murmurava Rosabianca, enquanto acendia o fogão. «Nada fiz, nada consegui. Não pude ainda rejuvenescer-te, salvar-te, dar-te a fé perdida. Falhei, falhei!»

QUINTO QUADRO

Todos aqueles dias, e nem uma só palavra da irmã! Uma duas palavras, qualquer coisa assim: de repente, ela aproxima-se e abraça-o. «Oh, se soubesses como sou feliz!», havia de dizer. «Se soubesses como sempre acreditei em ti!» Abraçá-lo-ia com força. «Percebes? — diria —, nunca estive zangada contigo, no fundo do meu coração permaneceste lá sempre, eu perdoava-te, eu compreendia-te. Conheço as tuas dificuldades, percebo a tua vergonha de comer o meu pão, e não era tua a culpa de estares sem emprego. Não, eu amava-te, Domenico. Mas compreendes-me? Perdoas-me? Compreendes que a minha atitude, a minha condenação era uma imposição da cabeça, não do coração? Compreendes que eu não poderia perdoar-te, ainda que intimamente te perdoasse?»

Clara já não podia ignorar, sabia de certeza que Domenico abandonara o emprego, que Domenico renascera. Nada! «Oh, se soubesses como eu sou feliz!» Não, nada. E como podem ser frias as pessoas, mesmo as pessoas que amam os ideais mais puros? Para que querem elas os ideais? O teu irmão precisa de ti... Nem uma palavra. E porquê? Que te poderá custar? Oh, se soubesses como te amo, como sempre te amei, meu irmão! Porque é que as pessoas não vêem que uma palavra dita em certos momentos renova o espírito, refresca a alma?

Silenciosa, nada.

E os outros? A incomparável secura dos homens... Soldati falara-lhe, mas não como dantes. Falara-lhe como se fala a um homem marcado. E todos os outros, salvo Giovanni.

— O tempo passa — dissera Fazio. — Daqui a uns meses tudo ficará esquecido.

Ficará. E entretanto nada sucedia do que esperara! Como se sentira feliz no dia da conversa com Briganti, como se sentira renovado! E depois o silêncio, o silêncio da irmã, o silêncio dos amigos.

— Clara — disse-lhe —, tinhas razão.

— Sim — consentiu ela —, disseram-me que te arrependeste. É sempre tempo.

Meia dúzia de frases sem carinho. Estavas a encher uma panela. Domenico esperou pelas palavras restantes (carinhosas ou não). Clara continuou muda, atenta à água que corria.

— Clara! — repetiu Domenico, à noite. — Disseste-me apenas *aquelas* palavras.

Continuava a encher a panela, como se as horas não tivessem passado, entretanto.

— Que querias, então?

— Mais palavras.

— Palavras. Para quê?

— As palavras são importantes, Clara.

— Os actos.

— As palavras.

— Mas eu não te felicitei?

— Felicitar, Clara! Que palavra!

Não respondeu.

— Podias ter conversado, ter-te sentado ao pé de mim...

Eco da pergunta anterior:

— Já não há nada entre mim e Arturo.

— Clara!

Olha para o sol reflectido no rio. Uma transformação, um mundo novo, um pouco mais de carinho. Ah, mas não pensarás demasiado em ti? Que sabias de Clara? Que sabes de Arturo? E foi ter com Marta. Pelo menos, Marta amava-o.

— Amo-te — diz.

— Sempre te amei, Domenico.

Não era a mulher ambicionada, não era sequer bonita, não gostava de literatura ou de música, nada sabia de política.

Mas amava-o e isso também tinha alguma importância.

SEXTO QUADRO

Não, não — pensa Domenico —, é preciso que eu os procure, que directamente lhes pergunte o que pensam, que os ouça. Procedera assim com Clara, mas talvez tivesse agido sem inteligência. Marta amava-o, mas não era o amor duma mulher que ele procurava. Curioso: de princípio supusera que sim, mas agora sabe que não. O amor de Marta bastar-lhe-ia — acreditara. Não, esse não era o seu objectivo. O amor era pouco; é como a arte abstracta: uma pura forma cheia de beleza, mas alheia à realidade. Domenico olha para um quadro de Mondrian, olha para uma porcelana Ming e sente o que há aí de harmonioso. Nessas formas simples sem nenhum conteúdo emotivo exterior está, talvez, a arte pura. A outra arte não põe somente à prova a emoção estética; recorre a outros elementos, a muletas extra-artísticas, a expedientes emotivos muito respeitáveis, mas sem relação com a sensibilidade estética. É certo, pensa. Mas não é menos certo que a pintura abstracta não lhe basta e que necessita de outro tipo de arte (talvez menos artística), uma arte que não se sirva apenas do jogo das formas e das cores. E assim com o amor — o amor em si mesmo. O amor é o amor e as conversas sobre isto ou aquilo são andaimes, muletas, artifícios para sustentar o amor. Marta é o amor, como Mondrian é a pintura. Não lhe basta. Para que o seu amor viva precisa de outras coisas além do amor. Não; nem arte pela arte, nem amor pelo amor.

Domenico muda de pensamentos. A ideia era esta: falar com todos os velhos amigos. Obrigá-los a dizer o que pensavam. E começar:

— Alberto: sabes o que se passou. Que pensas de mim?

— Tinhas cometido um erro, mas o erro está emendado. Que queres que te diga?

— És meu amigo como eras dantes?

— Sou.

— Renata: sabe o que passou. Que pensa de mim?

— Não sei ainda, Domenico, Deixarei correr o tempo. Depois digo.

— Depois porquê, Renatta?

— Posso ter a certeza de que você não voltará atrás?

— Pelo menos é sincera. — Mas o tempo nunca passa; pelo menos o tempo suficiente para que se tenham certezas.

— Soldati: sabes o que se passou. Que pensas de mim?

— Tu perturbas-me, Domenico.

— E então?

— Não sei. Cometeste um erro, mas descobriste que o cometeste.

— E depois?

— Depois, como?

— Tu eras meu amigo. Deixaste de me falar. Porquê?

— Não concordei com o teu procedimento e tu próprio...

— Fazio não deixou de me falar.

— Critiquei-o por isso.

— Deixaste de me falar. Não teria sido preferível falares, criticar-me?

— Não sei. Valeria a pena?

— Tomaste-me por um criminoso, um homem que se vendeu.

— E não é verdade em parte?

— Ao menos és sincero.

— Sou.

— Mas não, sabes? Apesar do emprego, apesar de tudo, não me vendi. Acreditei (terei errado, mas acreditei) que era possível não sermos todos inimigos.

— Sabias que era impossível.

— Não sei, não sei, ainda hoje não sei. Às vezes penso: o mundo tem girado mal porque odiamos o inimigo. E se o amássemos, se tentássemos compreendê-lo?

— Ideias que a experiência mostrou serem inadequadas, ou, melhor, que foram sugeridas para uma vida de salão em meios mais ou menos aristocráticos ou burgueses. Graças a elas podemos conviver com indivíduos que pertencem a clubes de futebol opostos, que preferem outros livros, têm religiões diferentes. Mas não servem quando se trata de problemas fundamentais. Penso se a pregação da tolerância pelas classes privilegiadas não é um modo hábil de dominar as outras... A vós a liberdade de pensar, a nós a liberdade de agir, propõem-nos.

— Porque não uma tentativa? Amar o inimigo...

— Ele não nos amará.

— Talvez — diz Domenico, com um gesto de desilusão. — Agora sei, agora talvez saiba: ele não nos amará. Mas como sabê-lo antes de experimentar?

— Era evidente.

— Não, não era evidente, não há coisas evidentes, Soldati.

Deixaram que o ruído aflitivo de uma ambulância se desvanecesse.

— Continuas meu amigo?

— Continuo — responde Soldati com os olhos distantes.

— Não, não continuas. Explica-me porque não continuas...

— Tens razão. Qualquer coisa que se quebrou, mas não sei o que foi.

— Espera, Soldati: alguma vez foste meu amigo, sofreste verdadeiramente por mim?

— Que pergunta!

— Talvez o problema esteja aí. Não tinha ainda pensado: sabemos, sabíamos o que era a amizade?

— Já não és amigo de Domenico — pergunta Fazio a Arnolfo Soldati. — Porquê?

— Tenho estado a pensar, Giovanni. Não sei. Há certas coisas que se passam e que não podem ser apagadas.

— Verdadeiramente: considera-lo um traidor?

— Que palavra! — diz Rosabianca, entrando com uma bandeja na mão.

— Traiu — responde Arnolfo, soerguendo-se, levemente, num gesto de amabilidade que, por um lado, pretendia mostrar que se levantava e, pelo outro, que não, dada a intimidade existente entre ambos.

— Nunca! — Rosabianca poisou a bandeja e Renatta quis ajudá-la a tirar as chávenas.

— Foi um fraco — disse, pondo o açucareiro na mesa.

— Que significa: um fraco? — pergunta Giovanni, notando que a costura da meia esquerda de Renatta está torta.

— Um homem que fraqueja; mas as circunstâncias dele não eram as nossas. — Deita chá numa xícara.

— Mais açúcar? — E depois, Rosabianca: — Como é que podemos condená-lo? — Virando-se para Renatta: — Gostas do chá forte ou fraco?

— Assim — disse Arnolfo e estendeu o braço em busca do açúcar.

— Estás influenciada por Fazio — insinua Renatta, cobrindo com a voz as palavras de Soldati.

— Não, sempre pensei assim — defende-se Rosabianca, atravessando o quarto para levar o chá a Giovanni.

— Julgas... — insiste a amiga.

— Não, não. — Voltara para junto da bandeja e sentara-se no tapete.

— Julgas. Não reparaste ainda que há um ano, que há dois anos, eras muito diferente? — Inclina-se para Giovanni. — O Fazio é um homem perigoso — disse, sorridente e amável, mas dizendo.

— Que é um homem perigoso? — acrescenta Giovanni, olhando para as mãos irrequietas e muito brancas e esguias de Rosabianca.

— Um homem que põe em risco a fé dos outros...

— Não quer mais chá? — perguntou Rosabianca a Soldati. — É inglês... — Não — diz depois, virada para Renatta —, a minha fé continua, Giovanni não ma tirou.

— Um pouco de tolerância, Renatta.

— A tolerância é muitas vezes perigosa, sobretudo nos momentos de crise, Fazio.

— De que serviria a tolerância se não fossem os momentos de crise? — Ergue-se. — Dás-me aquele bolo? — pediu a Rosabianca, mas foi Renatta que lhe estendeu o prato.

— Toda esta conversa é idiota e inútil — diz Soldati, poisando a chávena vazia.

— Porque estás de acordo com ele? — ataca-o rapidamente Renatta.

— Não — reage Arnolfo. — Condeno Domenico.

— Para pareceres intolerante ou porque o condenas

— Renatta! Que importa esta conversa? Estamos todos azedos. Esta jarra é muito bonita, não a conhecia, vocês não a tinham, pois não? — acrescenta, mudando de assunto, voltado para Rosabianca. «Aqui há uns meses disseste que não amavas Renatta» — lembrou-se, subitamente, Giovanni.

A voz de Renatta abafa as últimas palavras de Soldati:

— Neste mundo teremos o direito de viver sem azedume?

— Renatta!

— Admiras-te? — Riu-se — A frase é quase tua, Rosabianca. Tu é que costumavas dizer: teremos o direito de ser felizes, de fechar os ouvidos aos gritos dos desgraçados que nos rodeiam?

Fazio abriu distraidamente uma revista. Soldati encostou-se melhor na cadeira, desistindo de falar.

— É diferente, Renatta — responde Rosabianca. — Isso é uma coisa, o azedume é outra.

— Não — insiste Renatta. — É que, no fundo, nós arriscamo-nos a ser piores do que Domenico. Tu perdeste o carácter combativo, Rosabianca; e você, Fazio, e tu, Soldati. Não peço que deixemos de ser felizes, como certas meninas românticas, mas lembremo-nos de que nem todos o são. Perdemos a memória? — Sucessivamente procura os olhos dos três, mas só encontra os de Rosabianca. — Temos de ser duros, não porque o sejamos, mas para o nosso combate não esmorecer.

— Que poderei fazer para ganhar a confiança de todos vós?

— Tens a minha — diz Fazio.

Domenico sorriu.

— A tua confiança não me interessa, Giovanni. Interessa-me a deles...

A deles... Fazio também sorriu, mas com amargura. Qualquer coisa o perturbava no gracejo de Domenico. As palavras de Renatta, dias antes, o dito espirituoso do amigo, hoje. «Já não vêem em mim um combatente», pensou. E era a primeira vez que esta ideia lhe atravessava o espírito. «Não me consideram, não sou um combatente.»

— Um gesto heróico? — quis saber Domenico, mas Fazio não ouvira o resto das palavras.

«Um gesto heróico?», murmura Giovanni. E sentia-se irmão de Domenico Villani. «Deverei fazer um gesto heróico, mostrar bem que continuo a combater?» — pensava. Recorda-se dos dezoito anos, das lutas em que esteve empenhado. «Que deverei fazer para continuar a ser um combatente?», pensa.

— Como é que se é um combatente, Rosabianca? — pergunta ao chegar a casa.

Rosabianca viera ao cimo da escada, não respondeu, abraçou-o, pôs-se nas pontas dos pés para lhe beijar a boca.

— Tantas saudades tuas, acreditas?

Giovanni apertava-a frouxamente. Rosabianca examina-o atenta, sente-o distraído.

— Nunca tens saudades minhas, Giovanni Fazio?

— Tenho...

Rosabianca adivinhou que aquelas palavras (verdadeiras ou falsas) eram as palavras dum marido ausente.

— Hoje tiveste?

Beijou-a.

— Tive, Rosabianca. — Tenta afastá-la, mas ela resiste.

— Estiveste o dia sem mim.

— Preciso de tirar a gabardine...

Rosabianca deixou cair os braços e Giovanni afastou-se. Seguiu-o e enquanto o marido dependurava a gabardine disse-lhe:

— Estive com a Renatta...

— E ela?

— Tanta coisa... — Giovanni foi ao quarto de banho lavar as mãos, Rosabianca continuava a segui-lo. — Que pensas de Renatta?

— Acho que sonha de mais com política — disse, pegando na toalha. Saiu e sempre seguido de Rosabianca aproximou-se da estante à procura dum livro.

— Sim — concordou Rosabianca. — Mas gosto dela.

— Eu não disse que não gostava. — «Tanto livro e nenhum livro para ler!», pensa, contando, desolado, aquelas centenas de lombadas que o repeliam. Pegou num volume ao acaso (*La Scienza e il Mondo Moderno*), sempre com Rosabianca a segui-lo, e foi para outro quarto. Então ela sentou-se-lhe ao colo.

— Gosto de ti — diz, tirando-lhe o Whitehead da mão.

— Não posso ler?

— Gosto de ti. — Abraça-o, passa-lhe depois os dedos pela cabeça.

— Renatta é uma combatente. Como é que se combate, Rosabianca?

— Não perdendo a fé.

Acaricia-lhe o peito, depois as costas.

— Como se combate? — insiste.

— Pois: o combate começa contra nós mesmos. — Afastara-se para mais nitidamente lhe ver os olhos. — Não perdendo a fé... — Abraçou-o com força. — Somos egoístas, preferimos a comodidade própria, tendemos a esquecer os outros, quando já estamos mais ou menos arrumados. É então que precisamos de lutar contra nós mesmos. Não é verdade o que diz Renatta, pois não?

— Que diz ela?

— Que perdeste a fé, que te transformaste num homem perigoso, mais perigoso do que aqueles que nunca tiveram fé ou são nossos inimigos.

— Avalia por ti, Rosabianca: tens perdido a fé? — Rosabianca abraça-o e repousa a cabeça no peito de Giovanni.

— Não sei — diz, olhando para o chão. — Já não sou tão entusiasta como dantes. — Reflectiu um momento. — Sou, sou — quis emendar.

— Perdi a fé... Que significam estas palavras, Rosabianca? — pergunta, levantando a cabeça para melhor a observar.

— Não crês no futuro. No fundo conformas-te com o presente, embora ele te repugne. Desististe. Tornaste-te conformista.

Giovanni segura a cabeça de Rosabianca com as mãos.

— Que devo fazer?

— Ao menos escreve.

Fazio encolheu os ombros.

— Dantes escrevias, Giovanni. Eu sei. Porque deixaste de escrever?

— O que eu escrevia era inútil. Inútil e sem valor.

— O que os outros escrevem tem mais valor?

— Talvez não.

— Porque não escreves, Giovanni? — Volta a encostar a cabeça ao peito do marido.

— Escrever não será uma forma de egoísmo? Mesmo os escritores que procuram manter viva a chama da liberdade... Não há um pouco de cabotinismo em todos eles? Não vês como se detestam uns aos outros, como se zangam por pura vaidade, embora finjam que se zangam por questões de princípios? No fundo, passam por combatentes, por cruzados, pelo simples facto de escreverem umas coisas que não custam nada a dizer. Ganham louros com isso. — Rosabianca levantara a cabeça e fitava-o com os olhos verdes, a testa levemente enrugada. — Mas pouco arriscam. Um combate no papel, são combatentes de papel. Não gosto deles e teria vergonha de ser apenas mais um escritor a juntar a outros escritores.

— Não.

— Ouve, Rosabianca — recomeça. — Todas as situações dramáticas estão exploradas, catalogadas. São trinta e tal. Verdadeiramente não tenho nada a dizer que não esteja já dito, compreendes?

— Certas pessoas não sabem...

— Mas então seria a única coisa que poderia dizer-lhes: leiam os livros tais e tais onde certas coisas estão ditas de uma forma muito melhor do que eu o poderia fazer. Para o assunto A, ver capítulo XX do livro Y. Para o assunto B, ver capítulo XXXI do livro Z. É talvez o único livro que ainda não foi escrito. — Hesita. — Já está escrito; de certo modo, as histórias da literatura e da filosofia não são outra coisa... — Esfrega as mãos. — Eis o livro a escrever: leiam as histórias tais e tais e as antologias X e Y. Fim. — Afastou-se para respirar melhor e com a mão esquerda afaga-lhe o joelho por debaixo do vestido. — Não vale a pena. O tempo perdido a ler-me seria tempo roubado aos leitores para apreciarem Stendhal ou o *Cid.*

Rosabianca procurava uma resposta infalível, qualquer coisa que não tivesse discussão. Mas apenas achou isto:

— Nem todos podem ter génio. — Um segundo de distracção: os dedos de Giovanni nos joelhos, um arrepio ondulado pelo corpo. — Os escritores menores também têm direito à vida e podem ser úteis.

Giovanni beijou-a na boca.

— Tonta — diz depois. — Queres candidatar-te a musa inspiradora. — Desaperta-lhe o casaco de lã, beija-lhe o pescoço. Desceu-lhe uma das alças da combinação, uma das alças do soutien, e beijou-lhe o seio, muito branco, contrastando com os ombros, ainda queimados da praia.

— Sim, sim. A tua musa inspiradora.

SÉTIMO QUADRO

— Ainda não tinha dito? — começou, vagamente envergonhado. — Penso escrever um romance.

Domenico observava um casal de estrangeiros que se dirigiam para a estátua do David. — Supus que nunca mais pensasse em escrever.

— Decidi-me.

— Fizeste bem, Fazio. — Afastou a chávena de café para o centro da mesa, receoso de atirá-la ao chão, com um gesto mais largo. — Chegámos a esta idade e que fizemos? Dir-se-ia que estamos à espera da morte, que nada mais esperamos além da morte. E até deixámos de escrever. — Deu ainda outro empurrão à chávena. — O nosso grande defeito: somos demasiado exigentes connosco próprios. Pusemos o problema neste pé: ou escreverei obras-primas ou não escreverei coisíssima nenhuma. Como éramos incapazes das obras-primas abdicámos. E entretanto outros, menos exigentes, embora sem mais talento, vão triunfando, tornando-se conhecidos, têm o nome nos jornais, vão sendo poetas, romancistas, críticos, filósofos.

— Sim, tenciono escrever. Pergunto-me se, na verdade, esta minha atitude não será um gesto de inveja. Esses outros que disseste têm tão pouco talento como eu, mas fizeram um *nome*... Porque não hei-de tentar?

Domenico viu que o relógio tinha parado e tirou-o do pulso para experimentar a corda. Partida.

— Não é só isso, com certeza... — acaba por dizer.

— A não ser que seja um gesto de modéstia — responde Fazio, pensativamente.

— Modéstia?

— Para quem decidiu escrever apenas se pudesse escrever obras-primas, aceitar escrever obras menores, não é prova de modéstia?

— De que trata o romance?

— Penso que Huxley e outros romancistas contemporâneos insistem exageradamente nos perigos do progresso técnico. Porque não hei-de escrever um «Admirável — mas admirável de facto — Mundo Novo»? Um mundo feliz, sem desigualdades, sem miséria e livre graças aos meios postos ao serviço do homem pela ciência? A história dum casal apaixonado. Um mundo sem pobres, sem guerras. Licenciados os exércitos, as economias assim conseguidas serão aplicadas em benefício das populações. Cada região do globo especializar-se-á em determinados produtos, acabar-se-á com a concorrência, tudo poderá ser mais barato. A comida é substituída por pastilhas, ninguém precisa de restaurantes e todas essas despesas desaparecem. A maioria dos homens ocupam-se hoje numa inutilidade tão anticientífica como são as indústrias alimentares. Meia dúzia de grandes fábricas, altamente automatizadas, extrairiam do ar e do oceano as substâncias necessárias. Produziriam em série milhões e milhões de pastilhas, libertando os homens para outras tarefas ou até para não fazerem nada ou quase nada. As máquinas e a desmobilização dos militares e dos operários da alimentação (agricultura, mercados, mercearias, restaurantes, etc.) provocariam um excesso de mão-de-obra. O único problema seria o do emprego do ócio. Criar-se-iam portanto serviços públicos para os aconselharem, estudarem novas formas de utilização criadora dos momentos de ócio — de acordo com o estado do tempo, a época, a idade, o nível de cultura, a saúde, etc. Quem não tivesse imaginação suficiente para valorizar os dias de folga dirigia-se à agência mais próxima. As modalidades de aplicação do ócio seriam variadíssimas, indo da pesca até aos desportos inspirados nos hábitos antigos; por exemplo: um homem poderia entreter-se a remendar sapatos, uma mulher a cerzir meias. Podiam até aplicar-se na resolução de somas de muitas parcelas. Na época das máquinas de calcular — esclareceu Fazio, mudando a voz — as somas e as multiplicações substituiriam o xadrez e as paciências. Haveria grandes casinos com divertimentos desse tipo. E a possibilidade fácil das viagens. Umas horas no Lago Kiwo, um ou dois dias no Amazonas ou em Salzburg. E o amor. Não havendo dificuldades económicas, barreiras sociais, o amor seria finalmente uma realidade. Os homens e as mulheres amar-se-iam profundamente, mas sem compromissos com o futuro: encontravam-se e amavam-se. E se descobrissem que o amor esmorecia, separavam-se sem problemas jurídicos ou morais... Poderiam vir a amar outras pessoas. O amor não seria portanto a meta final de uma vida. Porque hoje, que é que sucede? — Abriu uma pequena pausa e respondeu: — Casamos e dizemos: morri, agora só me resta morrer. Casei, tive um filho e pronto. Não. Se o amor entre dois seres acabasse (e ele quase sempre acaba), isso já não significaria que o mundo estava perdido para eles, que o fim chegara. Poderiam recomeçar, viver outra vez aqueles belíssimos momentos que antecedem a conquista, que precedem a declaração «amo-te».

Domenico interrompeu-o:

— Não amas a tua mulher?

— Porquê? — olhava-o, admirado.

— Não sei.

— Sabes? — disse Giovanni depois de reflectir —, amá-la-ia profundamente se não estivesse ligado a ela para sempre. Se fosse livre... Compreendes? Essa prisão, essa obrigação mata o amor.

— Respondia a Domenico com a alma nas mãos, sem reticências, ele que habitualmente era tão discreto acerca da vida íntima! — Se fôssemos livres, se livremente nos pudéssemos deixar de amar, como eu a amaria! Mas assim... É como se tivesse a obrigação de gostar dela, compreendes? E revolto-me, tal como me revoltava no liceu quando me forçavam a ler um livro. Se não me obrigassem, lia-o até com prazer. — Silêncio. Fosse pelo que fosse, sentia que não estava certo falar de Rosabianca nas costas dela. Como se estivesse a traí-la. «Não, não tenho o direito de dizer estas coisas a estranhos», pensava. «Domenico olhará agora para ti, Rosabianca, e saberá que deixei de amar-te, não serás só tu a sabê-lo e isto é uma traição.» Como se estivesse a falar com ela, como se estivesse a ver-lhe as lágrimas nos olhos. «Não, Rosabianca! Estava a brincar. Oh, se soubesses como gosto de ti, como gosto de ti! Se soubesses como tudo isto é pura imaginação, pura mentira!» Mas não sabia onde estava a verdade e olhou para Domenico, que rabiscava o mármore da mesa com um lápis vermelho. «És a menina dos cabelos verdes, acreditas. Rosabianca?» Domenico abria uns olhos no desenho. — Não sei bem; como começarei o meu romance? Wolfram e Ingrid não se conhecem. Mas nesse mundo serão desnecessárias as apresentações, quem quiser pode dirigir-se a um desconhecido. Ele está numa bicha para adquirir meia dúzia de caixas de comida sintética. A bicha é longa, ao lado haverá muitas mais. Ao fundo, uma grande máquina automática, como as que existem hoje com discos ou chocolates. Mete-se a moeda e sai a caixa. Ingrid, uma rapariga de olhos castanhos muito grandes, de sobrancelhas arqueadas e pestanas longas, de cabelos loiros e peito suave, de rabo redondo, dirige-se a Wolfram, aproveitando a distracção das outras pessoas da bicha, e pergunta-lhe se não se importa de lhe comprar umas caixas. Estava com muita pressa, tinha de ir trabalhar a sua hora semanal. Ainda hoje não tomou a dose de vitamina C e receia acordar amanhã com escorbuto. Wolfram responde que sim. De resto, ainda tem algumas pastilhas no bolso e oferece uma. Ela agradece e engole-a com dificuldade. Enquanto esperam, Ingrid explica que no dia anterior comeu galinha. «Nunca tinha experimentado?», pergunta ele.

«Não.»

«Gostou?»

«Achei horrível, não me diverti absolutamente nada.»

Continuaram a conversar. Wolfram entretinha-se, passando as tardes a escrever à máquina — uma máquina de teclado, uma máquina não automática, igual às do século XX.

— Estás aborrecido? — pergunta, vendo que Domenico abrira a boca.

— Não, estou interessadíssimo — diz o amigo com sinceridade.

— Quando te sentires cansado, avisa. — E recomeça: Ela: «Que engraçado! Também comprei uma. É tão divertido!» E Wolfram: «Que espécie de teclado é o seu?»

Tinham teclados iguais. Mas o que ela mais apreciava era ouvir a campainha.

«Não é engraçado?», dizia. E ele:

«Que espécie de coisas costuma copiar?» «Não copio nada», responde Ingrid. Os teus olhos são belos, pensaria Wolfram. «Limito-me a escrever coisas ao acaso e vagarosamente para demorar a chegada da campainha», acrescentará.

«Como eu», dirá Wolfram, feliz. «Passo as tardes inteiras a distrair-me assim.» «E escreve com dois espaços ou só com um?»

«Só com um. É mais divertido.» E insistia: «Não é tão engraçado ouvir a campainha?»

Wolfram confia-lhe, humilhado, que a máquina dele não tem campainha.

Entretanto, chegara a sua vez: mete as moedas e retira as caixas.

— Que tal achas? — pergunta Giovanni.

— Acho bem... E depois?

— Depois? Wolfram e Ingrid tinham descoberto um elo comum. E combinam encontrar-se após a hora semanal de trabalho da Ingrid. Porque a Ingrid estava empregada, como tantos outros, na *Repartição do Ócio*. Ele também.

«Que vamos fazer?», perguntará. A primeira ideia de Wolfram foi um passeio a Verkhoiansk. Passariam lá uma ou duas horas ou ficariam mesmo até ao anoitecer. Um dia muito quente, ali em Munique; no pólo do frio seria mais agradável, com certeza. Mas Ingrid estivera lá no dia anterior e não lhe apetecia voltar.

«Se fôssemos escrever um bocadinho à máquina», lembra ele.

Os olhos de Ingrid crescem de felicidade.

E, cada um com a sua máquina, começam a divertir-se. Ingrid dava grandes gargalhadas porque Wolfram só escrevia com dois dedos e não sabia marcar os espaços com o polegar. O tempo foi passando.

«É bom», dizia Ingrid.

«Se escrevêssemos na mesma máquina, a quatro mãos?», propôs ele.

Experimentaram.

— Acabarão por gostar um do outro? — interrompe-o Domenico.

— Sim. Wolfram desinteressara-se de Marília, o amor entre eles morrera. E agora a formosa Ingrid, com grandes olhos castanhos, rabinho redondo, o amor pelas máquinas de escrever! Marília nunca compreendera aquele divertimento de Wolfram. Apesar disso, tinham sido muito felizes nos primeiros tempos. Ela aprendia italiano, um velho idioma que se falava no século XX e com palavras cheias de música. Às vezes falava-lhe nessa estranha língua. Ele não percebia, mas era bom ouvi-la falar assim.

— Pergunto-me — diz Domenico — se conseguirás o que pretendes. Darás uma impressão de felicidade ou estarás a cair nos erros do Huxley?

— Para o nosso conceito actual, talvez não. Eles serão felizes, pois serão livres. Podem chocar a nossa mentalidade tacanha de cidadãos do século XX, as nossas preocupações de velhos humanistas, mas apenas porque não sabemos o que é a felicidade, compreendes? De resto, Wolfram e Ingrid são um exemplo entre muitos. Nem sequer um exemplo de pessoas excepcionais, mas de pessoas vulgares. Pessoas que actualmente passam o tempo a escrever à máquina, mas por obrigação e infelizes portanto. Wolfram e Ingrid escrevem porque gostam e não têm tempo de se cansar nos empregos, visto que trabalham só uma ou duas horas por semana.

— Apesar de tudo, Ingrid fez uma coisa que não deveria ter feito — continua Domenico.

— O quê?

— Passou por cima da bicha...

— Ah — diz Giovanni, pondo o dinheiro em cima da mesa —, uma ou outra prova de desrespeito pelos deveres sociais não faz mal, é humano. E depois duma pausa: — Mas talvez tenhas razão. Este capítulo não convém aos meus propósitos. Esquece-o, vou inventar outro mais construtivo. — Sorrindo, céptico: — A literatura deve ser construtiva, não é? Preciso de encontrar heróis positivos...

OITAVO QUADRO

— E agora, Arnolfo?

Fecha a porta e olha em redor. Teria desejado que o quarto fosse outro, mas não; aquele era, de entre todos, o que melhor conhecia. E ali, na parede, sobre a cama, a fotografia (das outras vezes neutra, desta vez repelente) de uma mulher nua, ancas e coxas imensas, deitada sobre um divã. Renatta, a face repousada, também olhava e Soldati aproxima-se da fotografia e volta-a.

— Porque fazes isso?

Não responde. Ela:

— Já vieste aqui alguma vez?

— Teria desejado tanto outro sítio...

Renatta aproxima-se dele na intenção de o abraçar, de meigamente o levar a esquecer, mas não se atreve. «Porque viemos?», pensa.

Soldati diz:

— Porque viemos? — E Renatta sorri. Raras vezes calçava sapatos de tacão alto, mas hoje trazia uns de pelica preta, esguios como ela. Uma saia preta de feltro, rodada e com uma barra vermelha. O cabelo de risco ao meio esticava-se para os lados, cobria-lhe as orelhas e deixava-se apertar docilmente na nuca, por um laço negro. A covinha do queixo vincava-se mais. E os olhos pretos fixavam-se em Soldati.

— Porque viemos? — repete Arnolfo. Depois afasta-se e senta-se no divã. Esguia e mulher, Renatta senta-se ao lado dele.

— Seria impossível não virmos, Arnolfo.

— Nunca te vi tão bonita.

— Eu sou bonita.

— Achas que fizemos bem em vir? Mesmo sabendo que ia falhar, que nunca mais nos perdoaríamos...?

— Não sei. Não estaremos a levar tudo demasiado a sério? — Hesita. Depois: — Verdadeiramente, que é que se passa?

Ele interrompe-a:

— Sempre pressenti que tudo seria impossível entre nós depois disto. Como se qualquer coisa se quebrasse.

— Apesar de virmos friamente? — Enfia o braço no braço de Arnolfo. — Nós amamo-nos...

— É como se tudo estivesse perdido.

— Antes de virmos não estava?

— Não estava, creio... Mas o mais estranho é que nada se passa que eu não soubesse já que viria a passar-se... Até sabia que não tocaríamos um no outro. Vim porque não podia deixar de vir... Passei estes últimos dias a pensar no dia de hoje. Mas sabia que não. Que quando passássemos esta porta seria impossível: não chegaria a tocar-te, não chegarias a tocar-me...

Renatta continua sentada, a face apoiada nas mãos.

— Penso — diz — se não estaremos a exagerar... — Hesita de novo. — Mas não é verdade que eu também sabia que tudo, agora, se tornaria impossível entre nós? Que nada mais, quando sairmos, será possível, que tudo acabou? Porque viemos, Arnolfo?

Ele afligia-se:

— Não, não, Renatta. Nada está perdido. Tudo pode recomeçar. Que ideias temos nós na cabeça? Somos ou não inteligentes, sabemos ou não que tudo isto é natural, que nos amamos? Até podemos esquecer — acrescenta, mudando de voz. — Sim, esqueceremos, meu amor. — Aproxima-se de Renatta. — Sim, meu amor. Vês como até pego nas tuas mãos? Vês como era mentira a minha previsão, que afinal te toquei, que nada está perdido? — Olha em volta. — Foi este quarto, o erro está neste quarto. Noutro sítio... — Cala-se. — A premeditação... Se tivesse sido um impulso súbito... E foi, foi um impulso súbito...

— Mas nós adiámo-lo, Arnolfo. O impulso foi antes de ontem.

Ficam um longo momento em silêncio. De repente, Soldati retira as mãos das mãos de Renatta.

— Como é possível? Como não vimos que tudo teria de correr mal?

Ela:

— Porque há-de correr mal, Arnolfo? Não nos deixaremos levar por ideias em que já não acreditamos. Arnolfo: não estaremos a esquecer que nos amamos, que nos amamos, compreendes? Viemos cá porque na rua nos não poderíamos abraçar e beijar e amar... Falámos tantas vezes nestas coisas, tantas vezes dissemos que o casamento, a cerimónia, era para nós sem importância, que servia apenas para fugirmos aos olhares públicos, que só o amor interessa... — Pausa. — Arnolfo! Amamo-nos, amamo-nos, de facto?

Soldati deslizou para ela os olhos transparentes. Havia dentro deles peixes, miosótis, libélulas, ondas que se agitavam. Mas não havia amor.

NONO QUADRO

— Continuas a escrever? — perguntou Soldati para preencher o vazio que de repente se estabelecera entre eles. Giovanni perguntara-lhe como iam as coisas com Renatta e Soldati encolhera os ombros.

— Escrever, não digo. Mas estou a pensar. Não sei ainda como há-de ser o começo. Não gosto de Ingrid e de Wolfram, as personagens de que te falei. São vulgares. Estou a pensar em André. André seria um artista.

— Ah, a arte teria importância na tua ilha da Utopia?

— Claro, estive a discutir o assunto com Domenico e ele sugeriu algumas ideias interessantes. Hoje em dia um indivíduo vale, não pelo que vale, mas pelo que pode comprar. Na cidade das flores, não. A arte teria enorme importância, pela primeira vez na história teria verdadeira importância, tornar-se-ia um objecto de primeira necessidade. — Observava Soldati e sentia-o um tudo-nada alheio; mas não mudou de assunto. — Seria até o reino da arte pura, da arte pela arte.

— No futuro? — interrompe-o Soldati. — Penso que a arte pela arte não é arte do futuro, mas sim prova da nossa actual, espero que provisória, decadência; prova de reaccionarismo político.

— Porquê reaccionária se, precisamente, a arte começou por ser um meio e só com o evoluir, com o progresso em inteligência e em sensibilidade, surgiu a descoberta de que poderia ser também, não apenas um meio, mas um fim?

Soldati encolheu os ombros.

— Desde quando pensas desse modo? — disse. E depois: — A grande arte foi sempre um meio. Ao serviço da religião, da política, da magia, da publicidade comercial das grandes casas bancárias do Renascimento...

— *Foi* não significa que *seja* e muito menos que *será*. O mundo ideal: um mundo em que os homens possam interessar-se pelas puras formas da sensibilidade e da inteligência. Bem sei: hoje essa arte não é fácil; hoje ela é, talvez, uma traição. Mais: é utilizada, muitas vezes, como diversão, processo de distrair os homens dos mais graves problemas, uma forma de esconder as mais cruéis realidades...

— Então...

— É um caso diferente. No dia em que os homens puderem apreciar a beleza pela beleza, apreciar a harmonia dumas cores justapostas, duns sons que se sucedem, é porque estarão libertos dos problemas vitais que hoje não podemos ignorar.

— Não sei se será possível. O homem está a progredir em inteligência e a perder a emotividade. Dizem-no os behaviouristas. Quando chegarmos a essa época já o homem não terá sensibilidade para apreciar a arte, seja ela pura ou não...

Giovanni pensou alguns momentos antes de responder:

— Se isso se verificar — diz lentamente —, será trágico: descobrir as condições externas que nos permitem apreciar a arte pura no momento preciso em que perdemos as internas... — Novo silêncio. — Não, na cidade das flores não será assim. Como preencheríamos os ócios sem o auxílio da arte? Portanto, a educação artística terá uma importância capital: na escola, no liceu, na universidade. De resto, os jovens (aquando dos estudos) serão os únicos a trabalhar umas quatro horas diárias, cinco dias por semana.

— Para aprender a gozar o ócio sem fadiga?

— Pois. Seria uma das disciplinas fundamentais. Ensinar as crianças a aproveitar o descanso. Ingrid e Wolfram são seres da época de transição, de crise... Quando a educação for perfeita, as oportunidades crescerão, necessariamente. A pintura, a música, a dança, a leitura, o teatro passarão a ter um consumo extraordinário. E vês? Até hoje quase não houve (e nem pôde haver) arte pela arte; ela foi sempre um instrumento ao serviço de ideias, salvo talvez na Grécia e num ou outro caso do século XIX e do nosso. Mas é por tal razão que eu digo: na cidade das flores será diferente. Deixará de haver problemas sociais a exigirem a atenção dos artistas e, se alguns subsistirem, serão tratados por forma rigorosa, científica, não emotiva. A arte pela arte poderá então surgir. A pintura será meramente pintura: linhas e cores. Uma tentativa de nos dar beleza, de nos emocionar esteticamente. Compreendes, agora, que será o reino da arte? E o reino do amor?

— Pergunto-me, Fazio, se isso não é já da tua parte uma fuga à realidade.

Giovanni não o ouviu.

— Queres que te conte um dos capítulos — continuou. Ali sentados nas escadas de San Miniato, onde Fazio estivera tantas vezes com Rosabianca. E Rosabianca ainda hoje pela manhã lhe dissera: «Há tanto tempo que não vamos a San Miniato!» «Um dia destes», respondera ele. Mas lá estava e sem ela; lá estava, mas com Arnolfo. — André e Gilberte caminharão por um carreiro, num campo coberto de pimpinelas, de dentes-de-leão, de rosmaninho, de urze. A agricultura tornara-se inútil, graças aos novos métodos de alimentação; os campos eram semeados economicamente de flores silvestres para repouso dos olhos e dos espíritos. Como iria Gilberte vestida? — Lembra-se de Rosabianca. — Levará uma saia azul, terá olhos verdes... Não interessa.

«Gilberte, se soubesses como sou feliz e como gosto de ti!»

Ela não responderia, continuava a avançar no meio das flores amarelas e das papoilas vermelhas, dos gafanhotos esverdeados, das borboletas azuis.

Gilberte: «Que era uma guerra?»

«Uma guerra? Onde foste buscar esse nome?»

Gilberte, corando: «É feio?»

«Não, não há nomes feios.»

Ela: «Foi num velho romance. Comecei ontem a ler. Chama-se *Guerra e Paz* e não percebi o título. É ridículo ler um livro de que se não percebe o título, não é?»

«Sabes, Gilberte? Já o li; passava por ser, no século XX, uma das obras-primas da literatura.»

«Não concordas que seja?»

«Concordo. Está cheio de páginas actuais. Mas há coisas que hoje não podemos entender. O tempo passou irremediavelmente sobre elas. De vez em quando, os homens dividiam-se em dois grandes grupos para se exterminarem uns aos outros. Só terminavam quando aquele que estava a vencer se sentia muito fraco, tinha muitas casas destruídas e muitos mortos.»

«Porque era isso?»

André atrapalhava-se, pois não sabia responder com rigor, receoso de que Gilberte o tomasse por ignorante.

«Não sei bem. No século XX não havia ainda ciência, nem máquinas, nem transportes fáceis. Não havia nada. Os homens não comiam como nós. Alimentavam-se de oiro e de pedras preciosas; em vez de água, petróleo. Ora só certos países tinham esses alimentos e, como eram raros, queriam-nos só para eles. Então os outros homens declaravam-lhes guerra, também queriam oiro para comer.»

«Estranho, André, eu não sabia. Não é uma pedrinha amarela, muito brilhante?»

«É. No museu há coisas de oiro, nunca viste?»

«Vi. Porque não as comeram?»

«Considerava-se de bom tom ter esses objectos guardados, não os comer, nem deixar ninguém comer.»

«Tenho um anelzinho que comprei uma vez, era tão barato! Comprei-o porque achei graça, mas não sabia que se podia comer. Parece tão duro!»

«Havia muitas doenças de estômago.»

«Ah! Logo vou comê-lo, a experimentar; uma vez não pode fazer mal, pois não? Parece-te que terá melhor sabor que as nossas pastilhas?»

«Não sei, Gilberte, nunca provei. Mas não comas. Os homens do século XX eram capazes de tudo, capazes de viver felizes ao lado de gente esfomeada. Quem sabe? Talvez envenenassem os anéis para que os famintos não se sentissem tentados a roubá-los!»

«Deviam ser muito infelizes, não é verdade, André?»

«Um mundo terrível, já te disse! Havia tão pouco oiro e tão pouco petróleo! Tão pouco que os esgotaram e foi preciso inventar as nossas pastilhas. Morria muita gente de fome e de doença porque os transportes rápidos e a medicina só foram inventados no século XXII. No século XX não se conhecia o avião, nem o comboio, nem mesmo a ferradura. Li no outro dia que no século XX havia dois mil milhões e meio de habitantes, mas que dois mil milhões viviam na mais terrível das misérias.»

«Não é possível, André!»

«Em certos países, os homens eram obrigados a concordar com o chefe e ninguém podia protestar. Se alguém se queixasse de que o oiro não era suficiente, chamavam-lhe nomes muito feios e prendiam-no.»

«Que horror, André! Como podia haver um homem tão mau?»

«Estás a ver o problema com olhos actuais, Gilberte. A compreensão da história passada implica um esforço para nos libertarmos dos costumes, das maneiras de ver do nosso tempo. No século XX não havia ciência, não havia aviões, nem electricidade, nem telégrafo, nem sulfamidas, nem frigoríficos, nem energia atómica. Todos estes recursos, que, como consequência imediata e necessária, proporcionaram riqueza e felicidade para todos, eram desconhecidos. Tudo isto são conquistas muito posteriores. Se o século XX as conhecesse, não teria havido guerras nem esses dois mil milhões de famintos.»

Soldati levantou-se quase num pulo. Em baixo, Rosabianca, vestida de azul, olhava-os com o ar de quem os observava havia muito tempo. E mastigava o caule duma flor. Quando se sentiu descoberta, começou a subir obliquamente na direcção deles. Soldati, obliquamente também, desceu alguns degraus ao encontro de Rosabianca. Em silêncio, Fazio continuou sentado.

— Aqui? — diz Rosabianca, estendendo a mão a Soldati. Sapatos rasos, olhos verdes.

— Olhe, viemos dar um passeio...

— Ainda hoje te falei nisso, não foi? — Virara-se para Giovanni e observava-o, sorrindo. Continuava com a flor presa entre os dentes, embaciando-lhe as palavras.

— É verdade — responde Fazio.

Rosabianca voltou-se para Soldati (voltando-se, um dos seios fazia força no vestido e ficava muito redondo nos olhos dos dois amigos); disse, num ar de brincadeira:

— Está a ver? Ele prefere vir com o Arnolfo... Qualquer dia sinto-me na obrigação de ter ciúmes de si... — Sentou-se, ajeitando a saia, e aperta os braços à volta dos joelhos, quase à altura dos ombros. — Olhavam simplesmente em silêncio? Conversavam? — pergunta.

— Falávamos — responde Soldati, hesitante. Pressentia ali um certo não decifrado mal-estar e não sabia exactamente como proceder.

— Ah! — exclamou Rosabianca, e levantou os braços como se quisesse exprimir uma súbita e extraordinária descoberta. — Giovanni, tu falavas? — Inclinou-se de novo para Soldati (e o mesmo seio se avolumava). Não me diga que Giovanni falava...

O Soldati quis dizer que Giovanni o ouvia... quem falava era o Soldati.

Fazio olhou para Soldati, em silêncio, a estudá-lo. Perturbado, Soldati manteve-se calado.

— O Soldati já se esqueceu — continuou ela, virando-se para Giovanni (virando-se para Giovanni, era o outro seio que crescia e lhe afagava os olhos). — Tu falavas, Giovanni?

— Porque não havia de falar?

— Ele diz a verdade? — perguntara Rosabianca, fingindo um ar incrédulo e virada para Soldati (que de novo lhe observava o peito, desnivelando-se com a rotação do corpo).

— Sim, conversávamos os dois — respondeu. E acrescentou num gracejo: — Falávamos de mulheres...

— Das vossas?

— Não. — Riu-se. — Das outras... — Desviou os olhos para Fazio, fê-los regressar outra vez a Rosabianca e sentou-se. — Fazio contava-me um capítulo do romance.

— Não sabia que estavas a escrever — diz Rosabianca.

— Não escrevi nada. — Arranca-lhe dos dentes o malmequer.

— Estúpido! — Fingia-se zangada e procurava reaver o malmequer. Com ele na boca, Giovanni defendia-se com as mãos das arremetidas de Rosabianca. Ela sossegou.

— Ia inventando enquanto falava... — concluiu ele. Distraíra-se e Rosabianca aproveitou a ocasião e arrancou-lhe a flor da boca.

— É minha!

Um casal estrangeiro subia lentamente as escadas. Livres, pensaram. Mas o casal não dava por isso e nem sequer sabia que era livre.

Quando chegaram a casa — uma viagem de regresso quase em silêncio — Rosabianca disse:

— Nunca discutes o teu romance comigo...

Fazio baixou os olhos sem encontrar resposta.

DÉCIMO QUADRO

— Você é o melhor amigo de Giovanni, não é, Soldati?

— Que quer dizer?

— É a si que ele se confessa?

— Confessar sentimentos íntimos?

— Sim.

— Não.

— Supus.

— Porquê?

— Não sei. Quem é então?

— Creio que ninguém, Rosabianca. De todos, aquele de quem ele mais gostava era de Vianello.

— De Vianello?

— Discutiam muito, zangaram-se várias vezes, mas era de Vianello.

— Então não posso fazer nada — diz Rosabianca num tom desencorajado.

— Nada o quê? — pergunta Arnolfo, procurando ajudá-la.

— Seria absolutamente impossível encontrar Vianello?

— Claro. — E depois: — Que pretende dele?

— Que me explique o que Giovanni não diz, mas pensa. Ouça, Soldati. Acha que seria absolutamente impossível?

— Creio que sim, Rosabianca.

À tarde perguntou a Giovanni:

— Seria absolutamente impossível?

— Mas para quê? — Fazio procurou que a sua pergunta tivesse um ar natural, mas o coração batia-lhe com força, sentia-o nas fontes.

— Para falarmos de ti, já que contigo é difícil.

— Difícil?

— Impossível. — Pausa. — Porque te finges admirado? Nunca conversas comigo. Nunca me falas do que lês, nunca me dizes o teu pensamento. É ser tua mulher viver assim? És um estranho com quem durmo todas as noites, não um marido.

— Que tolice, Rosabianca!

— Sabes? — continua, interrompendo a ordem da conversa. — Ouvi um diálogo entre André e Gilberte.

— Um diálogo? — responde Giovanni. Ficaram em silêncio com os olhos muito brilhantes. E do rádio descia até eles o Allegro da Sonata n.º 3 para violino e cravo.

— Sabes? — repetiu ela. — Gilberte dirá:

«Como é possível que num mundo em que havia miséria, em que havia guerras, Bach pudesse escrever esta música? Que egoísta não seria Bach para assim se dedicar à beleza, enquanto o mundo vivia em luta...»

— É uma crítica que me fazes?

— Não, querido. Até fui eu que te aconselhei a escrever. Mas pergunto: estás a recuperar a fé, estás verdadeiramente a escrever uma utopia, alguma coisa em que creias, ou estás a divertir-te?

De repente, ele lembrou-se:

— Quem te falou da Gilberte?

Fingiu-se admirada.

— Quem havia de ser? Quem, senão tu, o meu marido, havia de falar dessa Gilberte, a heroína do seu romance?

Giovanni hesitou:

— Creio que nunca te falei...

— Que ideia, Giovanni! Tu, o meu marido, nunca me teres falado... — Desafiava-o com os olhos. — Quem havia de ser, senão tu? — Um desafio irónico. Bateu com a mão na testa. — Ah, tens razão! Não foste tu. — Simulava um esforço para se lembrar de qualquer coisa. — Quem seria? Mas quem seria? — repetiu.

Giovanni aproxima-se.

— Gosto muito de ti.

Rosabianca deu um salto que quase o desequilibrou. Foi para o meio da sala.

— Pum! Pum! Pffff! Pum! Isto são foguetes — comentou, fazendo uma grande vénia. — Pum!

Giovanni imitou-a:

— Pum! — Mas sem convicção, quase envergonhado.

— Pffff... Téu-téu, tré-té-té-té-pum. Pum é um morteiro — continuou Rosabianca, atirando um lápis ao ar como se fosse um foguete. — O meu marido disse que gosta de mim, estará para haver um tremor de terra? — Aproxima-se das paredes procurando descobrir alguma fenda. — E a Itália que é uma zona sísmica! — Depois voltou-se. — Ah, já me lembro! Não, não foste tu. Foi Soldati, Soldati é que me contou o teu romance, ele é que falou de Gilberte.

Giovanni decidiu brincar:

— Ah, sim? Era uma surpresa que eu te destinava. O grande patife!

— Ouve: no teu romance fala-se do amor no século XX?

— Talvez, porque não?

— Diz-se que no século XX os homens não sabiam amar... — Um rosto sombrio: — Onde está o Vianello?

— Deixa-te de tolices.

— Não. Estou a falar a sério.

— Tens paciência? Espera por ele todas as noites à porta do meu pai...

— Há alguma probabilidade?

— É possível... Mas pode levar meses, anos, pode nunca aparecer...

— Tentarei.

— Que disparate! De resto, talvez Vianello saiba do meu casamento, saiba que já não moro lá...

— Viria a nossa casa?

— Não sei.

Giovanni começou a visitar, todas as noites, as escadas dos pais, à procura de Leonardo Vianello. Todas as noites menos uma: precisamente aquela em que Leonardo lá foi.

DÉCIMO PRIMEIRO QUADRO

Os jornais deram a notícia com grandes títulos: «Atentado à bomba contra um comboio de passageiros. Cinco mortos e doze feridos em estado grave.» Acrescentavam que a polícia iniciara as investigações, suspeitando de «certos elementos desafectos ao regime». Seguiam-se algumas declarações oficiais sobre a malvadez dum acto que nada poderia explicar. «Não tendo outro modo — acrescentava-se — de impedir a paz e o ressurgimento material e espiritual da Itália, uma minoria de irresponsáveis, que confundem política com banditismo, tentam agora, por intermédio do atentado, desorganizar a nova ordem nacional. Há algum tempo que a polícia se encontrava de posse de informações que faziam prever tais tentativas e é possível, desde já, prometer ao país que os culpados sofrerão, muito em breve, o merecido castigo. Porque não estamos dispostos a voltar à anarquia e à desordem.» Certos jornais — não um, mas vários, e de forma orquestrada — salientavam: «São estes os homens que pretendem governar-nos.» Também de forma orquestrada insinuavam que se tratava de terroristas a soldo do estrangeiro, provindos da fronteira.

— Espantoso! — diz Rosabianca. — Será possível que se vá tão longe? — Perante o silêncio de Giovanni: — Que intenção teriam ao inventar este atentado? — Olhou-o com os olhos cheios de indignação.

— Pretendem justificar uma repressão mais intensa?

Fazio não tirava os olhos do jornal.

— Com certeza... — responde. — Ainda se tivessem escolhido um comboio de mercadorias...

— Não. Não era tão impressionante. — De pé, olhava para a rua através da janela.

Não pode haver dúvidas — pensava Fazio. — Foi a própria polícia que pôs a bomba para provocar um movimento de opinião. Movimento de opinião canalizado para onde? Para a guerra...? Não pode haver dúvidas: para a guerra; para a guerra — repetiu em silêncio.

— Viste a insinuação de que os terroristas vinham do estrangeiro? — disse Rosabianca, de costas para ele.

— Sim. Ou é um vasto movimento de repressão que se prepara?

Na tarde seguinte foi organizada uma grande manifestação. «Um comício espontâneo de protesto e de desagrado realizar-se-á hoje», informavam os jornais.

As lojas fecharam para os empregados poderem ir à manifestação. Os próprios cafés. Até os bordéis. Não havia outro sítio aonde ir, a não ser ficar em casa. E a manifestação foi impressionante. Discursos. Afirmações de fé. Garantias ao grande homem que, com mão segura e superior clarividência, regia os destinos da nação. Briganti discursou. «Sob a capa da liberdade da inteligência, da liberdade de expressão — disse com grande nitidez, conforme informaram todos os jornais —, pretende-se atentar contra a unidade nacional, a verdade objectiva, os fundamentos morais e sociais da pátria. — Não sabia bem porquê, mas era em Fazio que pensava ao dizer estas palavras. — Todo e qualquer governo tem o inadiável, o imprescritível dever de evitar que, a coberto de tais pretensas liberdades da inteligência (que mais não são do que sofismas desnacionalizadores e desnacionalizados), se subverta o edifício social e se minem os superiores interesses da nação.» Terminou com uma pequena frase em que se adivinhava, todavia (conforme muito justamente acentuaram os jornais), o pensador, o filósofo que se escondia sob o político: «Liberdade da inteligência? Que significam estas palavras? A ignorância daquilo que o mais cábula dos alunos liceais não ignora: que a própria inteligência obedece a leis, a princípios imutáveis aos quais não pode eximir-se.» Outros discursos — senão tão profundos, quase. Promessas de castigo. «Que o povo estivesse descansado — garantiu-se —, os criminosos, os inimigos seriam castigados.» E o povo descansou. «É o que eles desejam — repetia-se em todos os discursos. — Querem voltar às bombas, à instabilidade antiga.» Algumas afirmações acerca da situação internacional. Homenagem às tropas alemãs. E a leitura dum telegrama do Führer.

— Será verdade o que me disseram — perguntou Soldati a Giuseppe. — Que até os bordéis estão fechados?

— Qualquer dia fecham as nossas próprias casas.

— E se fôssemos ver?

Bateram à porta duma pensão suspeita. «Só depois das cinco», responderam lá de dentro. «Só depois das cinco, como os cafés, como as lojas.»

E era muito bem feito. Aproveitando o transporte grátis para quem fosse à manifestação, a gente dos arredores tinha ido à cidade para se divertir, supondo poder escapar-se ao cortejo e à política. Mas, mal desembarcou, foi coagida a marchar com bandeirinhas e cartazes, a gritar «vivas» e «morras».

O município pedira aos donos dos receptores de TSF que os pusessem às janelas para retransmitir as manifestações. E assim se fez.

Espreitando através dos vidros, Fazio via-os passar. «Que pensarão? — meditava. — Acreditam nos cartazes que seguram com as mãos? Não acreditam.» Via-os, interrogava-os em silêncio, mas não obtinha resposta, «Terão alma estes homens? Terão sentimentos?» Observando-os, custava-lhe a crer que tivessem. Pareciam um bicho, um bicho com muitas cabeças, com muitas patas, que seguia para onde o mandavam; dentro de momentos dará palmas a quem o explora.

Aproximando-se devagarinho, Rosabianca encosta-se a Fazio. E adivinha-lhe os pensamentos.

— Não — diz. — Eles não acreditam nos cartazes.

— Como sabes?

— Tenho a certeza, Giovanni.

— Um pouco de futebol e estarão satisfeitos.

— Não, Giovanni. Não podem escapar-se porque têm de viver.

Como acontecera? Mas eram raros os que acreditavam na versão oficial. A ideia espalhara-se: os fascistas tinham forjado o atentado. E sobre eles desceu ainda maior o ódio dos homens. Nas paredes, Renatta, Rosabianca e os amigos de Renatta e de Rosabianca escreviam com giz e com zarcão: «Vinguemos os mártires de Modena.» Alguns moços foram apanhados e presos. E apareceram listas protestando contra as prisões. Houve novas prisões. E todos os dias as paredes apareciam pintadas.

Num cinema, inesperadamente, caíram sobre a plateia dezenas de folhetos. Fora Renatta que os lançara.

— Imagina — dissera Arnolfo a Fazio — que é verdade: que não foram eles.

— Acreditas?

— Ouve. Imagina um erro. Já reparaste que se tratava dum comboio extraordinário? Imagina que o atentado era dirigido a outro comboio e que, inesperadamente, fora do horário, este aparecia...

— Teria sido horrível.

— É ou não uma hipótese?

— Talvez...

— Nessas circunstâncias, como consideras tu a mentira de responsabilizar a polícia?

— ...e tu?

— Aceitável.

— É estranho, Soldati. Se assim for, eis-nos todos empenhados na mentira. E o que ainda é mais: se tiverem sido eles, consideramos um crime. Mas se formos nós, não é crime...

— A intenção...

— Estranho! É difícil saber, nós não sabemos, poucas pessoas saberão e talvez nunca o digam: cinco mortos, entre eles uma criança, vários estropiados, alguns ainda em perigo de vida. Eis-nos perante isto. Todos, nós e eles, não querendo uma tal responsabilidade, nós e eles enganando-nos uns aos outros, fingindo a indignação, mas capazes de tudo. Estamos dispostos a perdoar com uma condição: termos sido nós os responsáveis. Estamos dispostos a condenar com uma condição: terem sido eles. Não é terrível? — pega-lhe no braço. — Rosabianca está para ser mãe — diz-lhe, sem transição.

Benedetto:

«— Aqui está, meu Deus.

«Que pensas Tu, se é que olhas para mim, Tu não me observas apenas do exterior, sei que estás dentro de mim e que me conheces melhor do que eu próprio me conheço. Que dizes Tu? Que pensas?

«Soubeste das minhas dúvidas quando considerei a possibilidade, a simples possibilidade de alguém morrer. Mas isto... Ouves? Porque não evitaste? Ou foste Tu a decidir assim para me castigares? Mas para me castigares, para me chamares à razão, seria necessária uma catástrofe?

«Eis-me aqui perante Ti e sem saber o que pensar. Uma prova, uma prova, isto a que me sujeitaste? Mas terias o direito?

«Eis-me a julgar-Te.

«Ouve. Tu és meu Pai. Não creio que seja pecado conversar contigo sinceramente, como um filho, como talvez a minha filha conversasse, se ainda vivesse. E vou dizer-Te o que penso e humildemente discordar de Ti em alguns pontos. Compreender-me-ás, ainda que eu não tenha razão. Porque só os homens seriam incapazes de me perdoar.

«Sim, não tenho razão, decerto. Mas serei sincero e sei que Tu amas os sinceros...

«Ouve: creio em Ti. Em Ti, criador do Céu e da Terra. Como poderia existir o universo se Tu não o tivesses criado? Creio no Teu amor pelos homens. Creio, sem compreender, muitas coisas. Mas porquê este erro? Eu teria compreendido se encontrasse a minha casa destruída e a minha mulher morta. Compreendi a morte da minha filha, mereci essa morte. Mas se procuraste atingir-me, se procuraste chamar-me à razão, como é possível que tenhas escolhido um sinal tão pouco razoável? Bem sabes: estou no século XX e não posso fugir aos modos de pensar deste século, a um certo rigor lógico. E este aviso não será ainda medieval, meu Deus? Porque queres impor a fé, independentemente da razão? No passado, os homens acreditavam, as suas exigências racionais eram menores. Eles acreditavam e uma palavra bastava. Mas hoje, tu próprio permites que o clima seja outro. Porque nos impões métodos de prova que hoje já não podemos aceitar? Não vês que é exigir muito? Não vês que nos desfavoreces em relação aos homens do passado? Não vês que exigir-nos uma crença é muito mais difícil do que exigi-la aos cristãos dos séculos anteriores? E será justo, Deus meu?

«Porque nos submetes a esta prova? Seria que amavas mais os homens de outrora? Não pode ser, meu Deus. Sei que és justo e misericordioso. Então porque se passou o que se passou? Porque não me permites compreender?

«Ignoro quem ia nesse comboio e até se me escolheste como instrumento de qualquer coisa que dizia respeito a eles e não a mim. Teria sido isso?

«Sei que és justo, meu Deus. Mas não nos colocas em igualdade com os homens do passado. Desde que nasciam até à morte, eles viviam num universo de crença: em todos os actos importantes da vida, o baptismo, a comunhão, o domingo e a missa, o casamento, a morte, a Tua presença se impunha. Os homens sabiam as horas, porque o sino da Tua igreja lhas dizia; viam o pão levedar, porque era benzido. Li isto num padre, num padre da Tua igreja, meu Deus. Constantemente a Tua publicidade se impunha aos homens. Ninguém se lembrava de Te negar, o difícil seria negar-Te, não acreditar em Ti. Mas hoje? Bem sabes que, desde crianças, o ambiente é outro. As horas aprendem-se num anúncio eléctrico, no pulso, ou no aparelho de rádio que aconselha um sabonete. E logo um amigo, dois, três, nos aparecem e são descrentes. E os livros... Dantes todos os livros tinham o Teu sinal e falavam de Ti. Hoje negam-Te. Pior: ignoram-Te.

«Bem vês que não tratas do mesmo modo os Teus filhos mais novos. E hoje nós somos os Teus filhos mais novos. Não nos dás as mesmas condições de segurança, de ausência de dúvida, porque nesse tempo a razão não achava condições para Te negar. Hoje é diferente; ela usa armas mais subtis. Os Teus filósofos do século XIII tiveram o pressentimento do que ia passar-se e procuraram enriquecê-la. Mas todos chegaram aos pontos fundamentais e disseram: pára, razão: aqui principia a fé. E não necessitavam de mais. Agora não é possível, meu Deus. Sei que Tu existes e que és bom e sei — oh, seio-o bem! — que sem a doutrina de Jesus não há sociedade justa. Eu sei, eu não duvido, bem sabes que não duvido, Deus meu. Mas os outros? Leonardo, por exemplo, é um homem deste século que procura a justiça tanto ou mais do que eu. Mas eu ainda tenho qualquer coisa do século passado. Ele não. Não é em nome da fé que posso chamá-lo a Ti. E precisas de homens como ele, porque homens como ele Te fazem falta. Chama-o, meu Deus, não pela fé, mas pela razão. Mostra-lhe a Tua verdade e mostra-a com clareza. Nada Te peço para mim. Deixa-me, se é Teu desejo, apenas na crença. Não me dês mais nada, que mais nada Te peço: bem sabes que creio em Ti.

«Pois quê? Invocar-Te-ia se não acreditasse? Mas compreende que a situação dos Teus filhos mais novos é diferente da dos antigos e fala-lhes portanto à razão. Convence-os com as armas do nosso século. Compreende isto. Ámen.»

DÉCIMO SEGUNDO QUADRO

«No segundo banco à direita do portão um casal de velhos aproveita o sol macio do Inverno. Dizer-lhes qualquer coisa? Certamente o compreenderiam. Mas quando André se dispunha a aproximar-se, achou que não estava certo — pareciam tão felizes! Assim, resolveu colocar-se perto e esperar. De resto conhecia a fotografia de Gilberte, ela também conhecia a fotografia dele.

As raparigas com quem namorara, por esta ou aquela razão, eram tão estranhas, tão incompreensíveis! Desiludido, dirigira-se, pois, à "Repartição do Amor". Sujeito durante um mês a numerosíssimos testes, sondados todos os escaninhos do seu espírito, as conclusões tiradas estavam agora cuidadosamente escritas numa ficha azul, ilustrada com um retrato. Dois meses depois mostraram-lhe quinhentas fotografias; as raparigas cientificamente ideais para o seu tipo psicológico.

— Como vou escolher? — dissera, perplexo.

O psicólogo-assistente ofereceu-se para o ajudar. E forneceu, pacientemente, alguns pormenores:

— Dantes — informou, com a sua voz amável — o casamento tinha um carácter empírico, ainda não era científico. Uma questão de sorte, acertava-se ou não. Cada homem limitava-se a seguir os ditames do coração, tendo ao seu dispor um número muito restrito de mulheres: as que conhecia, as que viviam na cidade e tinham a mesma condição social. Hoje encontram-se nestes ficheiros todas as mulheres do mundo e seleccionámos estas, depois de cuidadosas investigações: qualquer delas é adequada, susceptível de lhe agradar. E reciprocamente...

André olhava para a fotografia (em relevo e colorida) de Brigitte.

— Que tal? — perguntou.

— Vive em Sidney. Deseja que lhe telefonemos? Poder-se-ão encontrar logo à noite em... Lourenço Marques, por exemplo.

André olhava para outra, um tudo-nada mais alta. o seio mais volumoso e sugestivo, as ancas mais densas.

— E esta? — Com o indicador afagava-lhe os seios. O psicólogo-assistente abanou a cabeça, negativamente.

— Pode ser — disse. — Os seios enganam; afinal tem pouca sensibilidade no peito. — Olhou para a ficha azul. — Sim, e como você aprecia essas coisas... — Teve um sorriso. Observava agora, atentamente, a ficha de Brigitte. — É incompreensível — diz. — Trata-se dum pequeno lapso — acrescenta, lançando em volta um olhar de mal contida irritação. — Não é o seu tipo, esta ficha nunca deveria aqui estar! Brigitte rói as unhas, o que é absolutamente contra-indicado para si.

— Não posso com pessoas que roem as unhas...

— Os nossos testes não deixaram dúvidas sobre esse ponto — acrescentou o psicólogo-assistente, quase ofendido com a confirmação explícita de André, como se este supusesse que valia a pena confirmar inquéritos tão rigorosamente elaborados. — Esta vive em Nova Orleães — recomeçou, lançando um olhar rápido ao relógio, ao mesmo tempo que apontava para uma negra de olhos azuis. — Dezassete anos, 1,68 de altura, um metro de busto, gosta de dança... — Não lia ordenadamente a ficha, enunciava apenas alguns tópicos. — Gosta de música e... — Hesitante, soletrou a palavra. — Bee-tho-ven...

— Essa — disse André, pensando no metro de busto. — E quanto à sensibilidadezinha...? — pergunta timidamente.

— Como?

André fez um gesto com ambas as mãos, sugerindo um peito de mulher.

— Ah! — responde o outro, com indiferença, secamente profissional. — Muito sensível, muito receptiva, muito vibrátil. Verdadeiramente estimulante. — E depois: — Vou saber se também estará interessada.

— Diga-me — pergunta André, receoso —, é vulgar não estarem interessadas?

— Uma percentagem da ordem dos trinta e três por cento.

— Ouça: e se ela tiver encontrado entretanto um noivo? (Ao dizer isso sentia duas dores agudas em cada um dos extremos da testa, como se algo lhe estivesse aí a nascer.) Ou qualquer doença que lhe tenha modificado as características... (imaginou-a com meio metro apenas, de busto). E se já morreu? (sentiu um soluço subir-lhe pela garganta).

— As nossas fichas estão sempre em hora — respondeu o psicólogo-assistente com o brio profissional ofendido e olhando, de novo o relógio. Precisamente nesse momento terminara o último segundo do seu trabalho semanal e aparecera, num pulo, o psicólogo-assistente-substituto.

— Experimentem. Se houver qualquer imperfeição, se verificarem que não se ajustam convenientemente, recomeçaremos.

— Aceitamos todas as reclamações — disse o assistente-substituto.

— Só nos damos por satisfeitos quando o ajustamento é completo.

— E há esperanças? — quis ainda saber André. O assistente-substituto sorriu.

— Claro que sim. Pode falhar a primeira, a segunda experiência, mas a terceira é segura. O caso mais renitente que conheço não foi além de seis tentativas. E as raparigas eram todas virgens, por sinal.

— É uma das minhas condições — apressou-se a dizer André. Aflito: — Não se terão esquecido desse pormenor?

— Evidentemente que não — sossegou-o. O assistente-substituto bem sabia que nessa época já ninguém nascia virgem, sendo esse até o argumento que mais decisivamente havia demonstrado a tese da hereditariedade dos hábitos adquiridos. Tantas vezes, durante tantas gerações, as mulheres tinham perdido a virgindade, que essa perda começara a transmitir-se hereditariamente e ninguém mais nascia virgem. O comum dos homens, porém, ignorava estas coisas e a leitura dos velhos romances mantinha-os na ilusão.

— É a primeira vez que vem cá? — perguntou, para mudar de assunto.

Agora estava ali, na luminosa Lisboa.

Com um sorriso e observando-o, Gilberte vestia uma camisola justa, quase transparente.»

DÉCIMO TERCEIRO QUADRO

— Martino — dissera certo dia Rosabianca —, preciso de falar com o Vianello.

A conversa não fora longa, Martino respondera que nada sabia de Vianello. Mas sabia e arranjou processo de o avisar.

Que poderia ser? Vianello, que ignorava o casamento da Rosabianca, escreveu uma carta a combinar o dia, a hora, o sítio.

Agora, pensativa, com uma vergasta na mão, ela caminhava devagar. Ali estivera também com Lucia, com Giulio, com Renatta quando, solteira ainda, haviam levado auxílio aos colegas presos. Olhava em silêncio a relva macia, sem desejar, como da outra vez havia desejado descalçar os sapatos e caminhar de pés nus. «Será que envelheci?», disse, receosa. «Será que envelheci?» Tinha um vestido rodado, uma saia escocesa, camisola castanha. Pisava a relva fofa. «E depois, um dia, serei velha e estarei à beira de morrer. Que fizeste da tua vida? direi. E olharei para trás e só verei sombras, coisas sem importância, nada que tenha valido a pena. Perdeste, perdeste a tua vida — vou então dizer. Mas como seria ganhá-la?» Não lhe apetece descalçar-se, deveria apetecer-lhe. Em homenagem ao que devia apetecer-lhe, Rosabianca tira os sapatos e caminha descalça. «*Voi che sapete che cosa è l'amore*», cantou, timidamente.

Depois apareceu um cão. Ah, o cão de Lucia!

— Como te chamas? — Ele seguiu-a como se a reconhecesse. — Lembras-te de mim? Ou acompanhas todas as pessoas que por aqui passam? — E sentiu medo. Que haveria para lá daquelas árvores verdes e escuras donde viera o cão? Emissário de quem, mensageiro de que universo desconhecido?

Tinha um ar calmo, simpático, mas que a deixava apreensiva.

Do alto de uma árvore os demónios observavam-na. «Agora?», disse um deles. «Espera», disse o outro.

— Rosabianca! — exclamou Vianello. E vendo-a descalça, os sapatos nas mãos: — Vem pé ante pé, às escondidas, receia que lhe ouçam os passos?

Assim descalça, ela parecia-lhe mais bela do que nunca e um pouco mais mulher. Repetiu:

— De quem se esconde?

— De inimigos misteriosos! — Uma voz teatral. E depois: — Apeteceu-me sentir a erva verde nos pés. — Mas era mentira, não lhe tinha apetecido.

Essas palavras acordaram em Vianello um sentimento semelhante. Mas como tinha andado muito, receou que os pés cheirassem mal. E não se descalçou, cheio de inveja.

«*Voi che sapete...*»

— Que dia — disse ele.

— Lindo! — disse ela.

— Vou descalçar os sapatos, Rosabianca. Mas devo ter os pés sujos, não olhe para mim. — Dizendo isto, Vianello descobria toda a alma, punha todo o coração nas mãos de Rosabianca.

— Não é bom? — disse ela.

— É bom! — disse Leonardo.

Afastaram-se daquele caminho, internaram-se mais no denso arvoredo e sentaram-se. Rosabianca reencontrara o prazer de andar descalça. E quem os visse diria: «Dois namorados.»

— Soube pelo Fazio que a Rosabianca ia casar com ele... uma anotação à margem do silêncio em que haviam mergulhado.

— Não — respondeu ela, esfregando os pés na areia.

— Porquê? — Rosabianca continuava a entoar baixinho a mesma ária.

E Vianello agarrou-se, de repente, àquela oportunidade:

— Já não gosta dele?

Rosabianca estranhou tamanha veemência.

— É contra, Vianello?

— Creio que Giovanni será um bom marido...

— Não é.

— Não é?

— Já estamos casados, Vianello.

— Ah!

Pausa. «Mas então para que me procuraste?»

— Talvez me possa ajudar, Vianello. Não é amigo de Giovanni?

Respondeu que sim.

— Queria que mo explicasse.

— Que lho explicasse?

— Sim.

— Porque não o explica você, porque não faz você o esforço? — quis saber Vianello.

Rosabianca viu um ramo de pimpinelas ali muito perto, levantou-se, colheu duas, voltou a sentar-se no mesmo sítio.

— Sinto que ele me escapa, que nunca me pertenceu. E quem terá a culpa?

Deixaram que as vozes morressem durante muito tempo. «Agora?», disse um demónio, empoleirando-se na árvore mais próxima.

A voz de Rosabianca ressuscitou para dizer:

— Você gostou alguma vez de mim?

— Não.

— Não? — estranhou.

— Não. Ainda gosto — respondeu.

— Eu sabia — disse Rosabianca pensativa, encantada com as pétalas azuis das pimpinelas. — Que pensou então quando soube que eu desejava vê-lo?

— Nada de especial, Rosabianca. Muitas coisas.

— Chegou a pensar que o procurei por amor? — Calçava lentamente os sapatos.

— Porque pergunta, Rosabianca?

Rosabianca encolheu os ombros. — Pergunto — disse. Não o fazia por mal. Curiosidade apenas.

— Cheguei — respondeu, enfim, Leonardo Vianello.

Aquela palavra caiu entre eles e partiu-se no chão em mil pedaços. Rosabianca colocou entre os pedaços a pimpinela azul.

O tempo passou. Era um leve agitar de folhas, um imperceptível crescer de erva no chão, o bater cruzado de ambos os corações, um braço, uma perna que se distende, um pássaro que voa.

De repente, ela disse:

— Às vezes penso se tudo isto não é falso. Não será de si que eu gosto? Não o amarei tanto como ao Giovanni? — Olha para Vianello, os olhos escuros, a barba cerrada, a camisola azul. — Talvez. Sabe? Cheguei a pensar... — Sente-se observada, mas não por Vianello. Pelo demónio? — Não, não era possível. Estou presa ao Giovanni. — Foi para levantar do chão a pimpinela azul, mas Vianello não lhe permitiu que a levantasse. «Deixa-a, deixa-a no chão», pensou ele. «Porque aí está uma palavra minha, uma palavra morta, desfeita em pedaços. Deixa-a, deixa-a como uma coroa funerária.» Rosabianca olhou para a terra e deixou a flor precisamente ao centro da palavra destroçada. E os demónios baralharam-lhe os pensamentos. Mas ela lembrava-se de Fazio e do enterro da anémona, a anemonazinha vermelha. «Enganou-me, enganou-me, Giovanni Fazio. Não há acácias em flor, não há anénomas...» — Estou presa a Giovanni — repete. — À força de tanto nos interrogarmos, acabamos por não saber o que pretendemos. Terei descoberto que não gosto de Giovanni, mas de si? Não, porque se assim fosse pedir-lhe-ia que me levasse. Talvez há dez segundos... Ah, mas então que é que me prende ao Giovanni? Apenas um papel, apenas um contrato oficial? Não, não pode ser... A comodidade, será a comodidade? A falta de coragem, será a falta de coragem? — Deixou o silêncio passar. — Sim, será o respeito pelas convenções? Gostaria de saber. Fico com Giovanni por amor dele, ou porque receio as bocas do mundo? — Um instante silenciosa perante o olhar escuro de Leonardo. — Acreditas que não sei dar uma resposta? — Fica à espera de que Vianello diga qualquer coisa. «Sim, se tu me chamares irei ter contigo, Vianello.» Ele sentiu que tinha de falar e então falou e tratou-a também por tu.

— Se duvidas é porque gostas do Giovanni.

— Porque dizes isso?

Uma simples pergunta. Leonardo tinha de dar uma resposta. E respondeu: — Só os amorosos duvidam...

— Estás convencido, verdadeiramente, do que dizes ou isso é simplesmente uma resposta? — perguntou Rosabianca.

Não, não era simplesmente uma resposta.

— A resposta dum amigo de Giovanni...

Não, não era simplesmente a resposta dum amigo de Giovanni.

O tempo continuava a passar, empurrado não só pelas palavras que iam dizendo, mas também pelo silêncio, o próprio silêncio, e pelas folhas que, obliquamente e como se fossem hélices, poisavam na erva.

— Porque será — perguntou Rosabianca, cuja palavra era mais fácil — que a nossa sociedade não admite que se possa gostar de duas pessoas ao mesmo tempo?

Leonardo não respondeu. Esfregava lentamente os pés na erva áspera. E o silêncio regressou.

— Vianello! — diz ela. — Como foi possível que os fascistas cometessem aquele crime?

Dizer-lhe a verdade? Esperou. Rosabianca prosseguia:

— E como é possível que contra eles não se ergam, à uma, todos os homens?

Vianello respondeu que se lutava para acabar com esses crimes.

— Sim — disse ela. E depois: — Mas como castigaremos os autores?

— Pensa que deveriam ser fuzilados? — De novo na terceira pessoa.

Rosabianca hesitou. — Sou contra a pena de morte — responde.

— Mas estes? — Recuperava a facilidade de palavra. — Não são uma excepção? — Encarava-a, os olhos escuros, a barba cerrada.

— Não, isso não — interrompeu-o ela. — Mas deveriam ser severamente castigados.

Vianello:

— Tem razão, Rosabianca. — E Rosabianca estranhava o olhar dele. — Devem ser castigados. Seja quem for — insistiu.

— Lutamos contra isso. Queremos um mundo em que tais crimes não se pratiquem. — Desviou os olhos. — Posso talvez dar-lhe indícios. Aceita castigá-lo?

— Castigá-lo? Eu?

— Quê? Ainda há pouco desejou que os castigassem. Se for você a intérprete do castigo, já não quer?

— Não — responde com dificuldade.

— É contra a condenação deles? Que sejam condenados, mas que outros os condenem, não é?

— Sim, eu perdoava-lhes — confessa, baixando a voz.

— Ouça, Rosabianca, o que vou dizer já não tem grande valor depois do que fica dito. O criminoso sou eu. — Palavras pronunciadas sem coragem de a encarar, fingidamente atento ao coelho que a uns trinta metros, o rabo branco voltado para eles, parara por instantes.

— Olhe! — disse Rosabianca puxando Vianello pela manga. Mas estas palavras meteram medo ao coelho. Ficaram os dois a vê-lo fugir.

— Curioso que tenha vindo de propósito para saber coisas acerca do Giovanni e só tenha ficado a saber coisas acerca de si. — Nova hesitação, para dar tempo a que o tempo passasse. — Como pôde fazer isso, Vianello? — Era uma pergunta sem exaltação, estranhamente calma. Tão natural como se lhe perguntasse as horas.

— Um erro, naturalmente... Tudo preparado para um comboio que seguia com petróleo para a Alemanha... Mas era domingo, havia um desafio de futebol em Milão e momentos antes passou um comboio extraordinário com excursionistas...

— Não! Vocês não pensaram na possibilidade de um erro? Como puderam arriscar-se sem uma certeza...

Ele sorriu. Cansado de estar sentado, levantou-se.

— Só podemos agir quando temos certezas absolutas? Então nada é possível...

Rosabianca teve um gesto de desespero.

— Não sei, Vianello, mas nunca pensei que pudesse fazer uma coisa assim. — Levantara-se também. — Adeus. — E começou a afastar-se.

— Não tenho o seu perdão?

Esteve para se voltar, dizer que sim. O vento agitava-lhe os cabelos, colava-lhe a saia ao corpo. «Não» — pensa. — «A amizade morreu entre nós.»

Até ao último instante, Vianello esperou vê-la voltar-se para trás, correr para ele, dizer que o amava (essa ilusão estava definitivamente perdida), ou pelo menos: «Não, Vianello. Tu não perdeste a minha amizade, sei que ninguém lamenta tanto o que se passou como tu. Mas ouve: por isso mesmo continuo tua amiga.» Ou talvez Rosabianca esperasse que fosse Vianello a correr atrás dela.

Não. Nunca se voltou.

«É justo» — pensa. — «Tu tens dezoito anos. Perdoarias a outro, a mim condenas-me, porque nós temos de ser puros.»

Alheio, com gestos pesados, começou a calçar os sapatos.

DÉCIMO QUARTO QUADRO

Eis como as coisas se haviam passado:

Vianello poisara a mala e sentou-se. Benedetto ainda ficou de pé durante muito tempo, a estudar o terreno, mas por fim sentou-se também. Logo ali em baixo passava o caminho-de-ferro e, depois, cresciam, não muito longe uns dos outros, com feixes múltiplos de fios luminosos, os postes telefónicos. Dois pardais muito grandes acabavam de poisar nos fios luminosos, os bicos virados para uma ponte de ferro apoiada em três pilares. E levantam voo e dirigem-se para a ponte. Não. De repente, cortaram à esquerda, encaminharam--se para um velho castelo arruinado, rasando sobre um olival — até que Vianello se distraiu. Um comboio de passageiros, numa grande curva, aproximava-se.

— A satisfação que eu tinha, era miúdo, ao ver um comboio! — diz Leonardo Vianello. — Quantas vezes, num automóvel, descobria ao longe uma passagem de nível. E depois a esperança de que a cancela se fechasse para ver passar o comboio. Mas as máquinas, hoje, não têm a beleza das velhas locomotivas a vapor...

— Andei de automóvel demasiado tarde para que me tivesse sucedido o mesmo — diz Benedetto. Desapertou um sapato, tirou-o, sacudiu-o para deitar fora uma pedra incómoda, observou o estado da sola, bateu-lhe com os nós dos dedos, medindo-lhe a solidez, e voltou a calçá-lo. — Preciso duns sapatos novos, estes deixam entrar a humidade. — Mas não se dirigia a Vianello, falava consigo próprio.

Vianello continuava a observar a linha, lá em baixo.

— Quando criança, desejei ver um descarrilamento. Bom, eu já tinha uma certa idade, a idade suficiente para medir a malvadez de tal desejo. Lembro-me perfeitamente que resolvia os escrúpulos de consciência deste modo: não, não quero um descarrilamento, mas se tiver de haver que seja diante de mim... Com os aviões...

Volta-se para Benedetto, mas Benedetto não o ouvia. Atirara uma pedra e ambos a acompanharam com os olhos.

— Isto é bonito — diz. E depois: — Se a minha filha vivesse, faria anos amanhã. — Uma afirmação tão inesperada! Vianello não soube que dizer. Nunca lhe passara pela cabeça que Benedetto fosse pai.

— Não sabia que o Benedetto tivera uma filha... — comentou, por fim.

— Morreu com doze anos.

— Doze anos?

— Mas foi há muito tempo. Teria hoje trinta e dois.

— Com que idade casou o Benedetto? — Custava-lhe agora tratá-lo por tu.

— Aos vinte...

— Era muito novo.

— Sim, hoje os homens casam-se mais velhos. — Pausa. — Se a Lucia vivesse, que lhe teria sucedido? Estaria casada, não? É curioso! Quando se é pai, pensamos no futuro dos filhos. Qual será o futuro da minha filha? Perguntava-me isto muitas vezes quando a Lucia era viva. E ficou-me o hábito de fazer a pergunta. Se não tivesse morrido, qual teria sido o futuro da minha filha, o que seria ela hoje? — Interrompe o discurso para pensar uns instantes. — Não sei, morreu aos doze anos. No ano seguinte teria treze, depois catorze, depois quinze. — Olha para Leonardo. Não sabe porquê, dava-lhe um enorme prazer continuar aquela contagem. — Depois dezasseis, dezassete, dezoito. Aos dezoito começaria a namorar. Ou talvez tivesse morrido aos dezoito, se não tivesse morrido aos doze. Ou aos vinte. Ou aos trinta. Se assim fosse, de que teria servido não ter morrido aos doze? — Nova pausa. — Não, não teria morrido, estaria ainda hoje viva. — O silêncio para deixar cair uma pinha. — Interessar-se-ia pelo mundo em que vivemos? Seria uma mulher vulgar ou sofreria com as injustiças da nossa sociedade? Penso nestas coisas... Seria preferível, talvez, que fosse uma rapariga vulgar, sem consciência... Não era tão infeliz.

— Ela morreu, Benedetto.

— Sim, talvez fosse melhor. Com trinta e dois anos, teria mais do que o tempo suficiente para estar desesperada.

— Mesmo com educação religiosa?

— Não creio que conservasse a fé.

Vianello olhou-o, espantado.

— Porquê?

Benedetto sorri, enquanto muda a posição das pernas.

— Era minha filha. E eu não sou um bom exemplo. Quantas vezes me irrito com a minha mulher? Quantas vezes me impaciento? Agora não, o meu estômago já não mo permite, mas quando era novo embebedava-me. Ralhava com elas...

— Tu? — Retornara ao emprego da segunda pessoa.

— Conheces-me por fora, Vianello. Nós somos uma coisa na rua, outra em casa.

— Foi há muito tempo. Hoje não bates na tua mulher, não acredito que ainda batesses na tua filha.

— Como sabes?

— Sei.

Benedetto encolheu os ombros.

— Que interessa? — diz. — Batia na minha mulher, embebedava-me... Que interessa que não dê agora esse mau exemplo, se agora não tenho filha para educar?

Vianello não respondeu. Suspeita que a morte da filha esteja na origem da viragem religiosa de Benedetto, mas abstém-se de perguntas. Benedetto olhou para o relógio.

— Meia hora, não é?

— Sim.

— Porque não casaste? — volveu Benedetto, tirando da algibeira uma bolsa de tabaco.

Vianello encolhe os ombros.

— Sei lá.

— Serás um reformador tão duro que nunca amou uma mulher?

— Amei várias. Se isso me diminui a dureza... — e deu uma gargalhada. A primeira gargalhada do ano.

— Já tens idade...

— Tenho. — Pensa em Rosabianca. Quando casaria ela? — A rapariga de quem gosto vai casar com outro. Nunca cheguei a confessar-lhe e entretanto fui preso.

— Ela gostava de ti antes de fugires?

— Houve momentos em que pensei que sim. Mas era o meu orgulho que falava. Não posso crer que Rosabianca me tivesse esquecido só porque eu desapareci. — Cala-se. — Sim, era o meu orgulho... A maneira como ela sorria, como me dava o braço... Era amizade, não era amor. Mas o orgulho a segredar-me que sim! — Cala-se, de novo. — Vai casar com o meu melhor amigo.

— O teu melhor amigo?

— Não, Benedetto. Ele não sabia. Tudo isto chega a ser incrível, mas é verdade. As pessoas que eu mais amava traíram-me, enquanto eu estava longe... De resto... De resto, fui eu que apresentei Rosabianca a Fazio. — Olha para o relógio. — Vinte minutos.

— Não chega.

— Benedetto — começa Vianello —, crês que não haverá mortes?

Não houve resposta. «Neste momento» — pensa Leonardo —, «caminhas já a toda a velocidade». E imaginava um comboio a apitar a toda a velocidade. Vêm aí homens, vários homens. Via-os sentados ou de pé dentro do comboio, a cara enfarruscada dos maquinistas. Vocês estão vivos, estão vivos e ignoram que dentro de minutos estarão mortos. Insistiu:

— Crês que não haverá mortes?

— Como queres que te responda?

— Mas crês que poderá haver? — Desta vez, Benedetto hesitou.

— Sim, creio que poderá haver.

— E teremos o direito de pôr em risco vidas humanas?

— Não — respondeu Benedetto.

Silêncio. Anoitecia e os pássaros passavam em grandes bandos na direcção da cidade.

— Então que estás aqui a fazer, Benedetto?

Benedetto não respondeu. Mas perguntou:

— E tu? Crês que tens esse direito?

— Não — responde, e deixaram que um outro bando passasse

Um novo comboio surgiu numa grande curva metálica e brilhante.

— Serve-te de argumento, Benedetto, dizer que com esse petróleo os Alemães matariam muitos soldados franceses?

— Não.

— A nossa contribuição para a paz universal: um comboio alemão pelos ares! E também tripulantes italianos, muito possivelmente; homens que pensam como nós, não?

— Leonardo! Porque estás aqui?

— E tu?

— Eles morrerão, mas é preciso não ter medo da morte... A morte não é o fim. Bem sei, é horrível o que vamos fazer. Mas é preciso. — Semicerrou os olhos. — Penso que terás mais dúvidas do que eu, porque não crês na vida eterna. Esses homens vão morrer, são mártires, sabes? Vão morrer por uma causa justa. E Deus terá piedade deles. A morte não é o pior dos males...

— Mas tens o direito de indicar, de saber, de decidir a escolha dos mártires?

— Tenho, ainda que me engane.

— Sabendo que um erro destes é irremediável?

— Não. A morte não é irremediável.

Anoitecera. Começaram então a descer a colina, a corta-mato, convencidos de que assim chegariam mais depressa.

— Sim — disse Benedetto. — Que coisas terríveis não teremos de fazer?

Um milhafre observou-os dois segundos e foi-se embora, as asas esticadas.

— Nunca me esquecerei de uma coisa, Benedetto. Crês que esses homens que vão morrer injustamente têm o céu à espera. Mas imagina que estão em pecado mortal?

— Deus perdoa a todos, não sabias?

— Mesmo ao Hitler?

— Mesmo ao Hitler.

— Está bem; mas não é isso que eu queria dizer. — Dirigiam-se para onde a linha férrea se apertava entre duas trincheiras. — O que eu tenho pensado, muitas vezes, é o seguinte: se todos os homens, desde o princípio do mundo, tivessem tido escrúpulos de consciência e um absoluto respeito pela vida humana, mesmo a dos justos, haveria progresso? — Passou as mãos pelos cabelos. — Não, Benedetto. Há momentos na história em que meia dúzia de homens terão de pôr de parte as objecções de consciência para poderem agir. Terão de perder as próprias almas para haver depois muitos homens de consciência pura. Serão mártires também.

— Escolheste ser um desses homens?

— Creio que sim. Sei perfeitamente que a minha vida vai ficar envenenada. Afinal não nasci para estas coisas, nasci para a felicidade. — Olhava, ali adiante, os carris paralelos e convergentes; o troço metálico que iria pelos ares dentro de minutos. — Sei muitíssimo bem. Nunca mais terei sossego, hesitarei sempre se deveria ou não proceder como procedi... — Dá uma palmada amigável nas costas de Benedetto. — Nem hesitarei, talvez. Terei a certeza de que procedi mal, que não tinha o direito...

— Eu podia fazer tudo sozinho, ainda estás a tempo de desistir. És mais novo e terás, portanto, mais anos do que eu para viver envenenado.

Pararam. Vianello poisou a mala.

— Não, não. Um homem arrepende-se sempre do que faz. Se não fizesse, arrepender-me-ia também. Muitas vezes hesitei e de há uns tempos para cá (queres crer?) começo a perder a confiança. Esta vida solitária... Mas agora escolhi.

— Escolheste não ouvir a tua consciência para salvares a dos outros?

Benedetto abrira a mala. Vianello debruçou-se sobre a linha.

DÉCIMO QUINTO QUADRO

— Posso falar contigo? — perguntou Rosabianca.

Giovanni deu uma gargalhada.

— Que pergunta... — Levantara os olhos do livro.

— Não estás a ler? — insistiu Rosabianca.

Giovanni poisou o livro numa estante.

— Já não estou.

— Sério? — Sorria, fez-se pequenina e sentou-se-lhe ao colo.

— Que desejavas saber?

— Porquê?

— Tu é que perguntaste se me poderias falar...

Rosabianca ajeitou-lhe o rosto, procurando assim que a luz melhor o iluminasse. Giovanni deixava-se observar sem uma palavra e sem um pensamento. Rosabianca, porém, tinha pensamentos. Giovanni, umas leves dores de cabeça.

— E se não disser nada? — recomeçou. — Se for só para estar sentada ao teu colo em silêncio? Mesmo assim não lamentas o tempo que perdes?

Giovanni:

— Não, Rosabianca. — Passava-lhe a mão pelos cabelos; beijou-lhe os olhos. — Tens o nariz, o narizito frio — disse, e a face de Rosabianca iluminou-se.

— Posso então ocupar o teu tempo sem dizer coisas importantes?

— O meu tempo és tu, menina dos cabelos verdes...

— Ainda sou? — Continuava a afagá-lo. — Giovanni: conta--me histórias bonitas... És capaz de inventar uma história bonita?

Ele observa-lhe os olhos verdes.

— Tens olhos verdes — disse.

— É a história?

— É. Não conheces a história da raposa azul?

— Da raposa azul? — repetiu Rosabianca com um esforço de memória. — A história do corvo e do queijo?

— Não; aí a raposa ganhou.

— A raposa que roubava galinhas... — disse Rosabianca, encostando a cabeça ao ombro de Giovanni.

— Não. Uma vez um raposo passou por uma raposinha que tinha olhos verdes e apaixonou-se por ela. Então cantou-lhe uma serenata: ó senhora minha, etc. Tu és a mais bela, oh, tu és a mais bela!

— E depois? — Rosabianca poisara a boca no ombro de Giovanni.

— Depois, a raposinha encolheu os ombros e não quis saber do raposo. Então o raposo, vendo-lhe a cor dos olhos: «São verdes, não prestam.» E foi-se embora. Gostaste? É o que pude arranjar — acrescentou, à maneira de desculpa.

— Sim. Conta mais.

— Tens os olhos verdes — disse ele.

— Para ti não são *verdes*: eu gosto de ti...

— Tens os cabelos verdes, raposinha.

— Conta: conta a história da raposinha dos cabelos verdes. — Continuava com a boca no ombro de Giovanni e as palavras saíam--lhe indistintas. Fazio beijou-lhe o pescoço. — Conta. É tão bom! Sou tão feliz quando me falas assim...

Giovanni beijava-lhe o pescoço.

— Dize-me que sou a tua mulherzinha...

— A minha mulherzinha.

— Que gostas de mim.

— Que gosto de ti.

— Que não há ninguém como eu.

— Que não há ninguém como tu.

Riram-se, e depois de assim terem ficado uns instantes, Rosabianca levantou a cabeça com uma ruga na testa.

— Não estás a perder tempo, não queres o teu livro?

— Não estou a perder tempo — descansou-a, meigamente, sem ver a ruga na testa.

— Mesmo se eu não tiver nada a dizer-te?

— Mesmo que não tenhas nada a dizer-me.

A ruga vincara-se mais.

— Mas sabes que posso inventar coisas para te confessar?

Giovanni afastou a cabeça, desejoso de ver melhor os olhos de Rosabianca. E viu a ruga na testa. Passou um dedo pelo vinco profundo e disse:

— Não quero isto aqui.

— Mas está, Giovanni.

Ele baixou a mão.

— Não quero isto aqui — repetiu, poisando os lábios na testa de Rosabianca. Depois afastou-se e olhou. A ruga desaparecera.

— Sabes se gostarei sempre de ti? — Ele não respondeu. — Giovanni? Já pensaste numa coisa? — Calou-se, mudou de ideias, sem que Fazio a interrompesse, e entretanto a testa enrugara-se-lhe de novo. — Vou dizer-te uma coisa. Ontem dei um passeio na rua como se fosse uma mulher à procura de homem...

— Porquê? — pergunta ele, em voz muito baixa, sem contrair um único músculo.

— Não sei, Giovanni. Quis humilhar-me, quis humilhar-te. Mas nós somos felizes.

Fazio nada disse, ela insistia.

— Amo-te. Dizes que gostas de mim. De que serve? Durmo contigo. Mas não tem importância. Nem já conversamos. Porque é? Não me achas digna de te ouvir?

— Que disparate! Sabes perfeitamente que sou um homem calado.

— Como nunca conversamos, nem cheguei a dizer-te uma coisa que Vianello me disse.

— Quando?

— Há duas semanas.

Giovanni olha-a em silêncio. Depois vence o orgulho e quer saber:

— Vianello? Estiveste com ele?

— Estive.

— Porque não me disseste?

— Porque estavas a ler, porque não tinhas tempo para me ouvir. Conversas comigo? Chegas a casa e dizes-me: olha isto assim e assado? Não tens de te admirar que eu também não fale de mim.

— Rosabianca, querida Rosabianca — murmura Giovanni. Ela sorriu céptica, ironicamente.

— Vianello foi o autor do atentado...

Giovanni apertara com força o braço de Rosabianca sem dizer uma palavra.

— Não o condenas? — perguntou ela, sentindo a pressão dos dedos de Fazio. E como ele não respondesse: — Condenei-o.

— Tu? — Fazio, largando-lhe o braço.

— Eu.

— Mas que sabias tu, Rosabianca?

— Que tinha sido um erro.

— E condenaste-o, atreveste-te a condená-lo?

— Condenei-o. — Estendeu o braço para o botão do rádio, mas ele impediu-lhe o gesto.

— Não te compreendo...

— Fazes alguma coisa para me compreender? — Disse estas palavras e desatou a soluçar, encostando a cabeça ao peito de Giovanni. — Despedi-me do Vianello sem uma palavra de perdão

— acrescenta com uma voz embaciada. — Mas agora pergunto-me se poderá haver perdão para tamanha crueldade. Que pensas? — Levantara a cabeça e, com os olhos turvados pelas lágrimas, procurava adivinhar-lhe os sentimentos.

— Não sei — responde ele, pensativamente, abrindo o rádio. Como um balão que se sopra, a música de Bach encheu de calma, de repouso, o quarto inteiro, antes vazio. *Jesus no Horto das Oliveiras*. — Mas talvez tenha sido bom. A tua condenação revela a Vianello que há entre nós o sentido da justiça. Penso que ele também se condena. Saber que tu o condenas é ter a certeza de que o mundo por que luta tem razão de ser. E que há pessoas para o habitarem.

DÉCIMO SEXTO QUADRO

Não. A irmã não era a mesma (mas fora ela, alguma vez, essa mesma que Domenico está a imaginar?). Não era a mesma e porquê? Porque não estivesse convencida da sinceridade de Domenico? Talvez não. Talvez a presença das frases antigas, a impossibilidade de esquecer o que se passara. Não. A irmã era a mesma. A mesma: exigindo dos homens que não fossem homens, exigindo super-homens.

Mas que fazer sem emprego? Continuar a viver com a mãe e a irmã?

E quanto aos outros? Impossível obter deles qualquer auxílio, impossível pedir-lhes ajuda. Soldati já o aceitava, mas rígido e, decerto, somente para ser agradável a Fazio. Não. Que homens sois vós, vós os incapazes de perdão? Que homens sois vós, que não aceitais a sinceridade dos outros?

— Fazio: acreditas em mim?

— Porque perguntas...?

— Pareces o único... Mas acreditarás de facto? Acreditarás em mim por se tratar de mim e me conheceres ou porque naturalmente perdoas, perdoas seja a quem for? Compreendes que não é este segundo perdão que me interessa? E que nem é o primeiro?

— Acredito em ti — respondeu Fazio.

— E porque não acreditam os outros?

Giovanni encolheu os ombros.

— Chego a pensar: só a minha morte os convenceria...

— Não. Estão satisfeitos contigo. A pouco e pouco ir-se-ão habituando à ideia de que foste sincero.

— Estamos sempre muito mais dispostos a condenar que a perdoar. Porquê? — E acrescenta: — Eu também sou assim.

— Um mundo de incompreensão... Mas não é talvez irremediável...

Nessa tarde, a polícia procurou-o. Prendeu-o. Nada lhe disseram. «Briganti», pensou. Era ridículo: os Soldati ficariam agora convencidos? Porque essa prisão por qualquer coisa que não fizera o reabilitaria aos olhos dos outros.

À noite interrogaram-no:

— Sabes porque te prendemos? — perguntou-lhe um indivíduo magro e duro.

— Não — respondeu-lhes.

— Nenhuma ideia?

— Porque o terão prendido? — pergunta Renatta.

— Sei lá — responde Soldati.

— Não tens nenhuma ideia? — insistiram eles.

— Nenhuma — repetiu Domenico.

— Não me digam — lembra Soldati — que a causa da reconversão foi algum desfalque...

— Soldati! — diz Giovanni.

— Não, não acredito — repete Rosabianca.

— De facto — responde Soldati. — Mas então...?

— Procura recordar-te — disseram eles.

— Que querem que lhes diga? — respondeu Domenico.

— Nós é que fazemos perguntas e não tu.

— Mas que poderá ser? — insiste Soldati.

— Porque será? — a si mesmo se perguntou Domenico.

— Falemos com franqueza — disse o homem magro e duro. Bebeu um copo de água e tirou um cigarro de cima da secretária. — Diz-me, passo por passo, o que fizeste no dia 27 do mês passado.

— De resto, toda esta história — continuava Rosabianca — pareceu-me sempre muito estranha. Quem me garante que a adesão de Domenico às ideias deles não era uma farsa, não fazia parte de qualquer manobra?

— No dia 27 — repetiu Domenico, admirado. — Mas foi há mais de..., foi há mais de um mês. Já não me lembro.

— Não tem pés nem cabeça — dizia Renatta, respondendo à observação de Rosabianca.

— Procura recordar-te. Era uma quinta-feira — acrescentou o homem magro e duro.

— Não sei — disse Domenico.

— Quem sabe lá? — perguntou Rosabianca.

— Está bem — respondeu outro homem.

— Procura pensar. — E mandou-o para a cela. Mas não o deixaram sentar-se. Ficou de pé três, quatro, cinco, dez horas.

Durante esse tempo Rosabianca lembrava-se às vezes: neste instante Domenico está preso. Está preso e sofre, e nós estamos aqui.

— Giovanni. Nós estamos aqui e Domenico está preso. Giovanni dobrava o jornal. Enrugou a testa num jeito piedoso, mas em silêncio.

Em certos momentos Domenico esquecia-se de perguntar: «mas que será?». Distraía-se e pensava noutras coisas. Teria feito uma viagem à Grécia, teria o dinheiro suficiente. No barco conheceria Helena. E davam grandes passeios pelo convés, durante longos dias, porque a Grécia seria bem mais longe. Iriam de mãos dadas, sem uma palavra. Depois sentia as pernas, apenas as pernas.

Um homem de olhos castanhos e de fato azul com a gola coberta de caspa disse:

— Começas a recordar-te?

— É uma coisa que nunca consegui imaginar bem — dizia Rosabianca. — Enquanto estamos aqui, há pessoas torturadas ou cheias de febre ou que sofrem desta ou daquela maneira. Percebes,

Giovanni? Não, eu não pergunto se percebes. Perceber, percebo. Mas como imaginar? Como imaginar que precisamente neste momento...

— Ouviste dizer que vai haver mobilização geral?

Fora isso, esse dia vinte e sete, três semanas depois da questão com Briganti. Que fizera? Tanto quanto podia lembrar-se não fizera nada. Levantara-se de manhã, fora a um café e passeara pela cidade e arredores. Estivera a ler no jardim da praça Miguel Ângelo.

— Vou dar-te uma ideia — disseram, ao fim de doze horas (Rosabianca e Giovanni amaram-se precisamente nesse momento). Mandaram-no sentar e deram-lhe um cigarro.

— Dia 27: atentado de Modena. Isto abre-te a memória?

— Sim, sim — confirmou Domenico. — Dei um passeio pelos arredores.

— De Modena?

— Não, de Florença.

— Quando te foram buscar? — perguntou o outro, de repente.

— Buscar?

— Que fizeste durante o dia?

— Li, descansei...

— Leste, descansaste...

— Só, é claro — disse o homem de gola suja de caspa.

— Sim.

Um silêncio (Giovanni e Rosabianca adormeceram).

— Pois bem — disse o homem seco e duro que, entretanto, voltara. — Vou ser franco e revelar-te o que já sabes. Estás preso por participação no caso. Responde-me: quem te acompanhou?

Domenico não teve forças para pensar na viagem ou na Helena. Não soube mesmo em que pensar. Estava sentado, a coisa melhor deste mundo. «Os pequenos nadas, os pequenos nadas», murmurou.

Horas depois essa expressão volta-lhe à boca. Os pequenos nadas. Como não descobrira mais cedo o que há de bom numa cadeira? Não respondera mais às perguntas que lhe haviam feito.

«Quem cala consente», tinham-lhe dito. Limitou-se a sorrir. Numa simples cadeira pode haver beleza, para que protestar contra o resto? Limitara-se a sorrir. Também, que interesse tinham eles nas respostas, se sabiam tudo?

Livre de qualquer dúvida, agora. O atentado fora forjado por eles, mas ele seria a vítima, a farsa seria levada até o fim.

— Porquê eu? — perguntava. Porquê ele, ele que não era ninguém, que não representava nada?

Alguém teria de ser, pensou. Mas não se sentiu indignado. Sabia que tudo teria de ser assim. E imaginava Soldati. «Convences-te agora? Vês que sofro muito mais do que tu?» Essa ideia fascinava-o: sim, ficaria reabilitado aos olhos dos velhos amigos.

DÉCIMO SÉTIMO QUADRO

— Lembras-te — disse-lhe o pai —, tínhamos combinado conversar muitas vezes, virias procurar-me.

Rosabianca olhou-o sem uma palavra.

— Quando foi? Há quase um ano, não? E afinal nunca mais conversámos.

Um acaso. Encontraram-se na rua e seguem lentamente por entre a multidão.

— Nunca mais tinhas pensado? — perguntou-lhe. — Até o teu casamento. Casaste, mas nós não conversámos... — Parou. — Estás sempre com pressa...

— E a verdade — responde ela — é que nesse dia pensava. E ainda hoje penso. O pai diz bem: estou sempre com pressa. Pressa para quê? Não sei, para nada; ou para passar à frente de mim mesma... — Deteve-se nesta última frase, tentando compreendê-la, mas desistiu. — Desejo muitas vezes falar consigo, estarmos os dois sentados a conversar, nem sei a conversar sobre quê, mas a conversar. Conversar, simplesmente.

— És nova, Rosabianca, e há coisas que não compreendo. Tenho a impressão que dantes não eras assim. Já reparaste? Tu própria disseste: «Tenho pressa, mas não sei de quê.» E querias conversar, mas não soubeste dizer sobre quê. Onde estão os teus projectos?

— Não ligue, meu pai. Foi uma maneira de dizer.

— Seria?

— Foi. — Silêncio. — Conversar consigo... Mas há coisas difíceis. Por exemplo: poderia perguntar se foi feliz com a minha mãe? Não, não diga nada, não responda, não desejo ouvir a resposta. Mas poderia perguntar? Não, não responda. Eu sei, podia, mas não devia. E nada perguntei.

— Mas poderia responder-te — disse ele, apertando com força, dentro do bolso, as chaves da casa.

— Para quê?

— Responder-te que não fui feliz. — Afrouxou a pressão das chaves.

— Disse-o alguma vez a alguém, pai...?

— A quem poderia confessar-me? — respondeu ele, com um sorriso.

— Critica-me? Desejava ter-mo dito alguma vez?

Havia ali um banco desocupado e sentiram ambos o mesmo desejo. Sentaram-se, enquanto, perto, dois miúdos, vigiados por uma criada, deslizavam em pequenas bicicletes: uma vermelha, a outra azul.

— Sabe que estou para ter um filho?

Ele não ouviu.

— Ainda eras pequena e um dia pensei: «Virás a crescer e poderei então conversar contigo. Quanto tempo faltará...?» Punha-me a fazer contas. «Dez anos, ainda, para que tenhas dezoito.» Fui contando os anos, esperei ansiosamente por esse dia, desejava que o tempo passasse depressa... Sabia que estava a envelhecer, mas tal era o meu desejo de conversar contigo! «Um dia compreender-me-ás, minha filha (pensava eu), e um dia poderei dizer-te: Não fui um homem feliz.» — Hesita e prossegue: — Pensava muitas vezes nesse momento, vivia a desejar esse momento... Chegava a fazer contas: faltam três mil dias, dois mil quinhentos e sessenta e dois dias para que tenhas dezoito anos... — Calou-se, de novo, atento à corrida do rapaz da bicicleta vermelha. — Não sou feliz, dir-te-ia. Aqui onde me vês, e durante estes longos anos, e antes, ainda, de andares ou de saltares para os meus joelhos, não fui um homem feliz. Antes mesmo de nasceres, ou não? Não sei já. Mas fui esperando. Um dia nascerias para me poderes ouvir. Seria a primeira vez em que me confessaria a alguém, mas ficaria liberto, libertaria o coração, e tu compreender-me-ias. — Repetiu: — Esperei anos e anos que crescesses para te dizer: «Não fui um homem feliz.» — Hesitou. O rapazinho da bicicleta vermelha continuava a dar voltas ao coreto vazio. — Afinal, nunca to pude dizer, estavas sempre com pressa. Aliás, mesmo antes dos teus dezoito anos, compreendi que nada te diria.

— Disse-o, pai.

— Hem?

— Disse-o. Está a dizer!

Ele sorriu com amargura.

— Não, não disse. Dizer agora é como se não o dissesse, minha filha. Já não acho alívio nenhum em dizer. Não se realizou o que eu esperava. Disse e fiquei na mesma. — Pausa. — Estou na mesma.

Levantaram-se, tiveram de desviar-se do rapazinho da bicicleta vermelha e encaminharam-se para casa. Depois, ela pôs um ponto no silêncio.

— Tinha dito, pai. Eu sabia que não era feliz.

— Eu sei que sabias. Mas que fizeste para me ajudar?

— Sabia, mas tinha medo, medo de ouvi-lo falar assim. Quando o pai fizesse a confissão, que responderia eu? Como poderia ajudá-lo? Sabia-me incapaz de o ajudar e portanto calei-me.

Foram continuando. Na frente, outro rapazinho. Uma das mãos presa à mão da mãe, a outra puxando um pequeno automóvel vermelho — a mesma cor da bicicleta vermelha.

— E tu e o Giovanni são felizes?

— Felizes, pai?

O garoto tinha calças curtas cor de café com leite, suspensórios tiroleses de coiro. E um chapéu verde com uma peninha branca. A mãe era loira. Austríaca, talvez. Mas que é ser feliz? Uma palavra e nada mais.

— Sim, sim — murmura Domenico. — Uma cadeira basta... — E sente-se feliz.

— Não sei responder, meu pai. Vivo, faço coisas que gostaria de fazer e outras que não. Faço coisas aborrecidas, também. Escrever todos os dias a correspondência do escritório! E gostava que Giovanni lesse menos e conversasse mais. Serei inteiramente feliz se ele compreender que, em certos momentos, deverá interromper a leitura para vir ter comigo e falar-me. Mas não percebe. Ou percebe, mas não sabe como proceder.

— Giovanni é feliz?

— Giovanni, não sei.

Tinham-se esquecido do miúdo do automóvel vermelho e ele desaparecera. Rosabianca olhou em volta: não teria ficado para trás, não teria mudado de passeio?

— Pensamos demasiadamente em nós mesmos, meu pai. Somos infelizes, portanto. — Silêncio. — Conhecia Domenico? Acredita que fosse ele?

— Claro que não.

— É assim: como poderemos viver felizes com este regime? Ele mata-nos o espírito e até nos faz descrer das nossas próprias qualidades: pois não é certo que somos incapazes dum gesto heróico e de acabar com ele duma vez para sempre? Não. Estamos roídos pelo medo, pela cobardia que nos invadiu.

— Ouvi dizer que distribuíste papéis num cinema, é verdade?

— Que importância tem isso?

— Vamos a ver o que se passa com a Noruega. Mas ainda desta vez perderemos a partida.

— Os Alemães ganharão a guerra?

Reflectiu.

— Não sei.

— Esperámos tanto desta guerra... Mais dela do que de nós: mas não. Não posso crer que os Aliados percam.

— Sim — respondeu o pai. — Acabarão por ganhar.

— E nós?

Silêncio outra vez.

— Pai! Nunca pensou em fugir, mudar de vida? Como aguentou viver assim mornamente, como é possível viver assim em silêncio?

— Vencerão a guerra — insistiu, recusando-lhe a resposta. — E a Itália mudará, o clima internacional será outro, terá de mudar — disse, quase com raiva.

— Mas nunca pensou? Nunca pensou em mudar de vida?

DÉCIMO OITAVO QUADRO

Tinha pensado:

Uma sala enorme, muito público e jornalistas estrangeiros. Por acaso, nunca entrara num tribunal, não sabia exactamente como era. Mas estariam os juízes, ao fundo. Muito público, atrás. E então ele levanta-se para falar. Não tem advogado. Como Sócrates, defende-se a si mesmo. E a sua voz ecoará pela Itália:

«Nego a acusação, mas sinto que é justo ser acusado e até agradeço... Porque, mesmo condenado pelo que não fiz, haverá uma certa justiça: não fiz muitas coisas que deveria ter feito, só pelo simples facto de ser homem. Nada de importante realizei contra vós e é legítimo, portanto, que seja condenado — mas apenas por isso. Vós que me havíeis levado a descrer daquilo em que acreditava, a descrer dos homens, a desesperar. E esse é o maior dos pecados, esse é o pecado imperdoável, o único pecado imperdoável. Porque se eu e todos os mais somos irremediavelmente covardes, irremediavelmente incapazes de lutar, de defender os nossos direitos, então para que combater, então porque não alinhar com o vosso desprezo pelos homens? Mas enganei-me e acredito agora nos homens e até em mim próprio. E agradeço esta oportunidade de crer em mim próprio e de crer no futuro. Vinte e tal anos de desprezo pela humanidade não puderam, apesar de tudo, esmagar-nos. Ao menos o nosso espírito continua livre, ainda que os nossos gestos não o sejam. Vivemos no medo e pouco batalhámos. Nisso está o nosso pecado, mas podemos perdoá-lo. O homem não foi feito para viver sob o peso das ameaças e da miséria e é isso que o impede de agir e de ser ele próprio. E é porque isto é verdade que acredito nos homens. Nasceram para ser livres: só livres poderão ser homens, e ser felizes, tanto quanto é possível.»

Mas não. Seguiria directamente para as ilhas Lipari. E, imitando Dante, viria um homem fardado dizer-lhe (e à longa fila de prisioneiros em que Domenico se integrava): «Aqui não tendes quaisquer direitos, mas somente deveres.» E lá estavam, conquistadores de uma igualdade absoluta, a igualdade não procurada da miséria humana.

Nesse mesmo momento, Hitler abriu uma janela e ficou a olhar o céu enevoado. Ignorava — Mussolini também ignorava — que havia perdido o jogo. E que, ao contrário das aparências, os verdadeiros vencedores são os homens que nesse momento não têm direitos, que apenas têm deveres.

DÉCIMO NONO QUADRO

Rosabianca debruçava-se sobre uma jarra, ajeitando um ramo de rosas, quando Giovanni entrou na sala.

— Não são bonitas? — disse ela.

Giovanni beijou-a e depois sentou-se. Rosabianca:

— As últimas notícias?

— A Bélgica pediu a paz.

— Ah!

— Fala-se também da mobilização. Mussolini achará o momento oportuno para entrar na guerra?

Rosabianca puxou de um banquinho e foi sentar-se em frente de Giovanni.

— E a França?

— Não sei.

— E entraremos na guerra? No fundo não é bom, Giovanni?

— Talvez...

Rosabianca lavara a cabeça, os cabelos húmidos brilhavam desalinhados.

— Teremos de perder a guerra para que Mussolini também a perca. — Repetiu pela centésima vez na sua vida. E vendo que ele lhe observava o cabelo: — Não olhes...

— Já pensaste — diz Giovanni — o que pode significar uma guerra perdida? Como nos tratarão, que reparações não pedirão os

Aliados? Para eles não existem os italianos, mas sim a Itália, uma unidade maciça que lhes fez a guerra...

«Uma malha caída!», descobre Rosabianca numa das meias.

— Não te parece — responde — que tais sacrifícios valem bem a liberdade? — Com o dedo molhado seguiu o caminho da malha. — Eis o que é estranho: para que a Itália seja livre e independente terá de perder a guerra...

— A nação não a perde, perdem-na os homens que nos dominam.

— Estranho que tenham de morrer soldados italianos combatendo contra eles mesmos...

«Não luta cada um de nós contra si mesmo?», pensou Fazio, sem mexer os lábios.

— Serei certamente chamado...

— Tu?

Incrível. Pela primeira vez, Rosabianca percebia o que a guerra significava: a guerra, o desejo da guerra, não uma abstracção de que se fala enquanto se ouve no rádio um trecho de música de dança. A guerra: Giovanni a combater.

— Não — diz.

Mergulharam ambos no silêncio. Que preferes tu, Rosabianca? Mussolini e a companhia de Giovanni, ou a liberdade da Itália e, quem sabe, a morte de Giovanni...?

Fitou-o e viu (pela primeira vez via assim alguém) um homem morto. Sentia-o morto, imaginou-se dali a um ano a recordar aquele momento e a sabê-lo passado para sempre.

Giovanni, em silêncio, observava-a com um ligeiro sorriso. Mas tornou-se, subitamente, sério. Aqueles olhos de Rosabianca trespassavam-no, estavam guardados para o ver quando se achasse metido num caixão.

— Não, não — diz ela, levantando-se, indo sentar-se ao colo de Giovanni, apertando-se-lhe contra o peito. — Tudo, menos a guerra.

— Pacifistas que desejam a guerra, querida! Desejosos da guerra, mas temendo-a e preferindo uma paz humilhante, eis o que somos... — Parou. — Não, Rosabianca. Teremos de ser coerentes. Coerentes. Sabes? Várias vezes pensei fazer um estudo pormenorizado acerca das minhas convicções. Queres crer? Nunca o fiz. Descubro, tantas vezes, que tenho ideias contraditórias e é necessário ordená-las... Num destes dias recomeço esse trabalho. Vou procurar os postulados implícitos nas coisas que digo e ver quais as minhas convicções mais primitivas, aquelas donde se deduzem as minhas mais vulgares afirmações. Fazer uma axiomática das minhas crenças e não permitir incompatibilidades, resolver todas as contradições.

— Não quero a guerra, Giovanni. De que me serviria a liberdade se tu morresses?

— A guerra já rebentou, Rosabianca. Milhares e milhares de homens morreram; porque havemos nós de ser uma excepção? — Calou-se, sentindo que havia uma certa dose de literatura nessa prédica acerca da sua própria morte; que, no fundo, não acreditava nela. Nunca morrerá, a morte só pode acontecer aos outros. Mas Rosabianca não via no discurso de Giovanni simples palavras, via também realidades. Um destino inevitável, a morte de Giovanni.

— Cala-te. Não falemos mais. Não há guerra. Estamos a viver. Vivemos, compreendes? Amamo-nos, compreendes? Não falemos mais de guerra. Amamo-nos, ouviste? Amamo-nos, e mais nada.

E abraçava-o. Despenteava-lhe os cabelos, beijava-lhe os olhos, a testa, as orelhas, a boca.

— Isso, não é fugir, Rosabianca?

— Fugir?

— Fugir...

— Cala-te, querido. — E sentindo-o atento aos cabelos acabados de lavar: — Não olhes... — E depois: — Não fales. Não me interessa agora saber se é fugir ou não.

Ele levantou-se.

— Bonito! O amor para ti é, afinal, um processo de fugir?

— Não, não digas nada, Giovanni. — Estendeu-lhe as mãos e apertou-o contra o peito.

— É verdade que nos amamos, não é?

— É, Rosabianca — respondeu. Mas sentia-se de novo como se estivesse morto, como se ela quisesse ter a certeza de que fora amada, agora que ele desaparecera.

— Tantas vezes não te compreendi, fui injusta contigo...

— Homenagem fúnebre.

— Porque procuras, Rosabianca, saudades de mim? Porque te projectas no futuro e lamentas ter desperdiçado a vida que viveste comigo, agora que é impossível viver mais? Não. Eu ainda não morri, Rosabianca...

Mas tinha morrido Vianello, Leonardo Vianello. Lá ao fundo da estrada, desde há muitos meses, estavam apontadas duas espingardas. Aproximou-se sempre, dia a dia foi ficando mais perto. E pronto: estava à distância de um tiro.

Soubera da prisão de Domenico e não pôde suportar a ideia. Ia entregar-se quando as espingardas surgiram e não tiveram paciência de esperar. Aguardavam-no lá ao fundo da estrada havia tanto tempo!

Agora está estendido no chão. No bolso esquerdo, já secos, uma mão-cheia de pinhões.

VIGÉSIMO QUADRO

«É o fim» — pensou Giovanni Fazio. Provavelmente nessa mesma noite, ou amanhã, ou na tarde seguinte, ou quando quer que seja, entrarão em combate. Como iria reagir? O medo invadir-lhe-ia os músculos? E seria morto por um soldado francês que nem saberia porque lutava. Ridículo, ridículo!

Recorda-se: uma bomba caída dois dias antes destruíra uma casa, mas só nessa manhã os sapadores tinham atingido a cave, para salvar os sobreviventes. Fazio ajudara os trabalhos. E diante dele, de repente, uma pobre mãe já morta e um filho ainda vivo que lhe sugava o peito. Que lho roía à procura do leite.

«É o fim» — disse. «Esmagada a França, que nos resta? Não, não tenho esperanças — murmurou. — É a Idade Média, e tudo está perdido. A Alemanha vencerá. Quem sabe? Talvez cem? Mil anos? A liberdade morreu, foi um breve intervalo na história do mundo.»

A queda iminente da França, a rendição inevitável da Inglaterra. «Seja como for, esse mundo sem liberdade não será para mim» — pensa. Giovanni Fazio tinha a certeza de que nunca mais veria Rosabianca. Uma bala, uma baioneta, um estilhaço, levantaria para sempre um muro entre ambos, um muro intransponível.

«Num mundo sem esperança, onde os homens terão vergonha de existir, num mundo em que Hitler e Mussolini dominarão por mil anos — pensou —, num mundo em que a liberdade, a coragem, o amor deixarão de ter significado, Rosabianca (sob o frio olhar duma sentinela) dirá ao pequeno Giovanni ou à pequena Rosabianca: "Vês aquela flor azul?" O pequeno Giovanni ou a pequena Rosabianca olhará para a flor com os olhos muito brilhantes: "É bonita..." — "Sim", dirá Rosabianca com uma réstia de felicidade no coração. — "É bonita."»

Fevereiro de 1957

POSFÁCIO À SEGUNDA EDIÇÃO

A nova edição de um livro significa que esse livro não morreu. Simplesmente, há muitas formas, boas e más, de viver, e nem só a saúde, a actividade fecunda, são sinais de vida.

Um livro pode sobreviver porque estimula energias novas, desencadeia perspectivas ousadas, ou porque, pelo contrário, propõe e garante as formas académicas e habituais de existir.

Pergunta: *A Cidade das Flores* traduz a crise de alguns daqueles homens que procuram ultrapassar o presente, ou a crise de quantos pretendem mantê-lo? Aponta, para além dessa crise, a necessidade absoluta de criar novos caminhos, ou conclui em segredo que o futuro é um risco demasiado?

Um livro que se reedita é um livro que se esgotou. Portanto: Quem o esgotou? Quem o leu? E porquê?

Dúvidas bem incómodas para o escritor que não deseja ser apenas literato, dúvidas para o autor de *A Cidade das Flores*. Romance que foi lido, tanto quanto ele pode imaginar, por uma certa classe média mais adolescente do que adulta, cultivada, desajustada com este mundo em transformação. Uma certa classe média simultaneamente céptica e optimista, mais capaz de pensar que de agir, susceptível de heroísmo na recusa, mas pouco dada ao gesto ofensivo e prático. Provavelmente estará aqui, até, o ponto fraco deste romance, agravado, afinal, em *Os Desertores*. Na verdade, em que medida estes dois livros não corresponderão a um certo desejo diletante de autocrítica e de masoquismo duma burguesia intelectual mais ou menos passiva — resistente, mas passiva? Há um certo prazer, prazer infecundo e inútil, em passar a língua pelo dente dorido. Ora aqueles livros não disputarão às línguas dos leitores esse papel de satisfação dolorida? O autor de *A Cidade das Flores* não terá sido condescendente em demasia com Giovanni Fazio e os seus amigos? Não os terá, quase, apontado como ideais a imitar, pois os fez simpáticos e procurou tornar Rosabianca uma rapariga fascinante e Giovanni um ser atraente — porque bondoso, porque tolerante, porque sinceramente infeliz? E, pecado ainda mais grave, não poderá extrair-se deste livro uma filosofia de passividade mais ou menos susceptível de se traduzir assim: «Esperem, esperem, que uma guerra ou qualquer outra coisa acabará finalmente por resolver todos os problemas?»

Dúvidas graves de quem não desejaria que o seu romance fosse apenas ópio, claro está. Dúvidas graves de quem supõe apesar de tudo — que o não é. Mas receia que o seja... Alguém que, muitas vezes, a si mesmo põe este problema: valerá a pena escrever romances? E estoutro: valerá a pena lê-los?

Sim: porque leio eu um romance? Admitamos que há numerosas razões e que uma delas pode ser esta: para passar o tempo. Mas é evidente que há outras maneiras de passar o tempo. O aeromodelismo, a canasta, a pesca, o fumo...

Independentemente de me ajudar a passar o tempo, a leitura dum romance multiplica em várias direcções a minha pobre vida quotidiana, permitindo-me sonhar. Mas não só: para além desse alargamento de actividade que me lança num palco imaginário, a leitura satisfaz o meu amor desinteressado pelas histórias. Porque gosto de ouvir histórias, mas nem sempre os amigos as têm «verdadeiras» para contar. E nem sempre estou com os amigos.

Essas histórias — ouvidas ou lidas, real ou fingidamente verdadeiras — ajudam-me a sair de mim próprio e a descobrir o mundo. Deste modo, o romance entusiasma-me também, como pode entusiasmar-me uma narrativa histórica. O que me conduz à leitura de uma vida de Afonso de Albuquerque é o interesse por ele e pela sociedade do seu tempo. Digamos: move-me a curiosidade histórica. Mas, neste caso, eu sei que Albuquerque existiu. Quanto ao Ega, sei que não existiu, que é uma fantasia de Eça de Queirós, com quem — de resto — fiz uma combinação: fingi acreditar nele e em tudo quanto escrevesse. Mas se me apaixonei pelo Ega que não existiu em carne e osso é porque achei que ele poderia ter existido. De certo modo, fui guiado pela curiosidade histórica, a mesma que me levou à vida de Afonso de Albuquerque. Pergunto então: porque não leio somente os livros de história? Primeiro, porque, salvo raras excepções (Huizinga, Burckhardt e poucos mais), os livros de história não são tão vivos, tão bem compostos, tão artísticos, como os romances. Afonso de Albuquerque não encontrou até hoje um biógrafo como o Ega. E, além disso, as biografias históricas limitam-se aos reis, aos generais, aos bispos, aos artistas, ou então referem-se, genericamente, ao «burguês medieval», ao «servo da gleba». Os romances preocupam-se com homens vulgares, mais próximos de mim, homens que vivem no meu modesto universo.

Todavia, como o romance vai abandonando a intriga, ele aproxima-se das análises ensaísticas, torna-se difícil, perde a popularidade. Trata-se de uma perda? Que satisfação deliciosa nos oferece a leitura duma novela de Puchkine! E o romance ideal não será aquele que nos desvenda o universo graças a uma história apaixonante?

Quando leio *O Homem sem Qualidades* ou, mais ainda, *Le Planétarium* — e refiro-me a obras que sinceramente admiro — não me sentirei um tudo-nada logrado? Não concluirei que a vida de Afonso de Albuquerque narrada pela Nathalie Sarraute poderia ser rica em muitos aspectos, mas ao mesmo tempo muito pobre? É isto uma pergunta, naturalmente. Não uma resposta.

Mas, no fundo, quando abro um romance para seguir a vida dum herói a contas com o destino, procuro seguir uma experiência, que é um choque entre o herói e o mundo, ou, se quiserem, um momento de crise. O momento em que o herói, desadaptado, procura o equilíbrio com o meio — a não ser que renuncie, que procure esse equilíbrio em si próprio, na solidão (triunfo impossível, mas gerador, por isso mesmo, de situações dramáticas). «Que posso fazer? Que devo fazer?» Os romances mostram-nos sempre exemplos dessa batalha fundamental em que todos estamos empenhados.

Como o romance vai abandonando a intriga, aproxima-se das análises ensaísticas — disse eu. Mas então porque escrever romances e não ensaios? E porque continuamos a ler esses romances?

Em primeiro lugar: escrevem-se e lêem-se romances porque há quem goste de escrevê-los, porque há quem goste de os ler. E porque, se um romance nos descreve a luta do desadaptado para reconquistar o equilíbrio, e se as ideias são instrumentos de adaptação, o conflito entre as ideias e a prática é fatalmente um campo inesgotável de matéria romanesca, que transcende, portanto, a pura narração duma história. Os homens não se limitam a sentir, pensam também, inventam filosofias boas e más para sobreviver. «Ilusões vitais» — assim lhes chamava Ibsen.

Dificuldade gravíssima: o romancista que nos apresenta esses problemas (morais, políticos, metafísicos) não é — dificilmente será — um pensador rigoroso. Possivelmente, muitos dos problemas que levanta são até problemas mal postos, que não resistiriam a cinco minutos de análise dum Goldmann ou dum Reichenbach. E agora: não estarão esses romancistas a meter a foice em seara alheia, a contribuir para uma confusão ainda maior? Creio que não, apesar de tudo (e refiro-me aos grandes e não aos pequenos romancistas, bem entendido).

Em primeiro lugar, os chamados pensadores profissionais não estão isentos do pecado dos falsos problemas (e quase toda a metafísica posterior a Kant ilustra esta afirmação). E depois: os falsos problemas têm influência social (atente-se na importância do existencialismo no pós-guerra). Um pseudo-problema pode levar os homens a sofrer, pode ser vivido com sinceridade. Os falsos problemas são afinal uma realidade que atrai o romancista ávido de todas as realidades.

Creio, por isso mesmo, que um romance, hoje em dia, forma um todo com o comentário crítico que lhe possa fazer o profissional do pensamento (um Alain, um Lukacs). É certo que uma tese como esta limita a autonomia que tantas vezes se exige de uma obra de arte. Pois quê?, dir-se-á, um romance não vale apenas por si mesmo? Talvez. Mas eu descobri *A Guerra e Paz*, o *Hamlet*, etc., graças aos muitos comentários que me foram chegando às mãos. Penso que sem eles me escaparia em grande parte o significado profundo dessas obras grandiosas.

Assim como um romance não dispensa o leitor, não dispensa também a actividade crítica, esclarecedora. E pergunto a mim próprio (não sei se por amor do paradoxo, se por dor de cotovelo...): uma das razões por que os romances portugueses são menos ricos do que os franceses e italianos não provirá de a nossa crítica válida ser menos numerosa e portanto menos variada, menos criadora, do que a daqueles países?

Romance, ensaio... Poderá talvez acrescentar-se que o romancista é mais livre do que o ensaísta (mais livre até na asneira). Ser romancista — pelo menos no meu caso — não será então um sinal de fraqueza? Se quiserem: um estado puro de adolescência. Quando admito que J. S. Bach é o maior dos compositores, penso imediatamente que não, que o maior é Mozart. Ou Monteverdi. Pouco adianta procurar conciliações ilusórias, soluções eclécticas, ou dizer que são os três. Essas atitudes parecem-me inconciliáveis e, a aceitá-las, poderia pronunciar três discursos que uns aos outros se contradissessem. Escrever três ensaios? Seria ridículo. E é preferível um romance com três personagens diferentes, numa tentativa de exprimir o mundo contraditório que preocupa o romancista. Mas, atenção: em muitos outros momentos, porém, o romancista tem certezas. Por exemplo: ele pensa (estou a ser optimista, evidentemente) que os homens não deverão ser escravizados por uma minoria. Nos domínios em que ele tem crenças firmes, como não há-de reflecti-las e ser tendencioso, legitimamente tendencioso? Nesses casos talvez o romancista, seguro das suas crenças, pudesse exprimir-se pelo ensaio (e tantas vezes o faz!). Mas ele prefere, geralmente, temperar as ideias com o sal da imaginação, acrescentando-lhes em força emotiva o que lhes rouba em clareza.

E no entanto... Seja-me permitido este desabafo: a maior parte dos romances recentes, mesmo famosos, que me caem nas mãos, obrigam-me a desistir da leitura ou a lê-los linha sim, linha não. Naturalmente porque esses livros nada acrescentam àquilo que já foi escrito. Mais ou menos, com talento ou sem ele, os romancistas vão tecendo teias semelhantes e alimentando assim o interesse dos leitores que se satisfazem com os mesmos petiscos se tiverem nomes diferentes. Mas não é verdade, por outro lado, que nós comemos todos os dias as mesmas coisas, a mesma sopa, o mesmo pão? Que diariamente cumprimos horários invariáveis?

Insertos num universo de hábitos, como havíamos de estranhar que não fossem diferentes os livros se o não é a agitação do dia-a-dia? Lemos os mesmos livros, todas as semanas, da mesma forma que conversamos sempre com os mesmos amigos, que tomamos o mesmo café, que fumamos os mesmos cigarros, que viajamos no mesmo autocarro, que vemos as mesmas fitas, que ouvimos as mesmas sinfonias — embora com nomes diferentes.

Mais uma razão para que a arte ofereça uma certa variedade às nossas existências, não é? Acontece, porém, que, muitas vezes, buscamos num romance as nossas próprias vidas, as vidas confusas dos nossos irmãos, as nossas preocupações. E ainda: acontece que a literatura deixou de ser, em grande parte, uma evasão para se tornar consciência. Deste modo, como hão-de os romances ser diferentes uns dos outros? Pascal: «*Qu'on ne dise pas que je n'ai rien dit de nouveau: la disposition des matières est nouvelle. Quand on joue à la paume, c'est une même balle dont on joue l'un et l'autre; mais l'un la place mieux.*»

Decerto.

Perguntará o leitor: «Estás então convencido, homem ingénuo, que nos revelas algo de novo, tu que te mostras tão céptico acerca da novelística do nosso tempo?» Perante a minha resposta, que terá de ser — até como o exigem as regras — negativa, o leitor insistirá: «Nesse caso, para que escreves e publicas livros?»

Começarei por uma confissão: durante oito anos (dos vinte e um aos vinte e nove) recusei-me a escrever, entre outras razões, por verificar que nada tinha a acrescentar ao que já havia sido escrito antes de mim. Ora com *A Cidade das Flores* mudei de ideias. Porquê? Para ser franco, direi que não estou certo de que a publicação desse livro revele somente propósitos louváveis. Aceito francamente que alguns serão bem mesquinhos, tais como gritar para quem passa: «Olá! Eu também sou gente!» Uma invocação menos dramática e, seja como for, de consequências menos graves do que o gesto de Eróstrato ao incendiar o templo de Diana...

Descrente, em todo o caso, das explicações únicas e das confissões públicas dramaticamente autodesagradáveis, procuro outras razões. Convencido embora de que *A Cidade das Flores* nada acrescentaria ao que estava dito depois de *Os Possessos*, do Tchekov, do T. Hardy, do Gorky, do Gide, do Malraux, do Lawrence, do Hemingway, do Vittorini e de tantos outros, convencido de que não colocaria a péla melhor do que qualquer deles, decidi-me a escrever um romance e a publicá-lo com o mesmo à-vontade com que digo, a quem mo pergunta, «são duas horas» ou que «a rua de Alexandre Herculano é transversal à Avenida da Liberdade». Afirmações pouco originais por certo. Importantes para quem não sabe. A esperança de que *A Cidade das Flores* pudesse ser útil para os outros (para mim era-o, evidentemente, até porque me ajudava a passar o tempo). Que importa que essa esperança fosse uma ilusão ingénua? Em boa verdade, e muito sinceramente o confesso, disse com os meus botões: «Valerá a pena publicar esta obra tão imperfeita, tão deficientemente escrita, tão pouco harmoniosa, tão pouco arquitectural (e tudo isso não com um propósito deliberado, mas por falta de arte)?» Os editores que recusaram a publicação do livro responderam-me que não valia a pena. Com o argumento de que o livro era verdadeiro, alguns leitores disseram-me pessoalmente que sim.

Esta última resposta levanta um problema: em arte, a verdade não basta, um documento exacto não é necessariamente arte. E não tenho grandes ilusões: bem ou mal, creio que *A Cidade das Flores* documenta qualquer coisa, a reacção de certos homens a uma praga social — o fascismo; a reacção de certos homens a uma situação social adversa. Homens para quem os valores postos em prática não são ainda os do futuro, uma vez que ainda participam de algumas vantagens do passado (que, paradoxalmente, o fascismo lhes não recusa). Mas homens a quem o fascismo rouba certos valores de tolerância e de liberdade sem lhes oferecer outros que os substituam, e sim apenas a mentira e a estupidez. Homens que não crêem no futuro, ou, melhor: homens que, acreditando no futuro, não têm coragem de viver no presente esse futuro.

Se, porém, não superei o documento para alcançar a arte, uma ideia me ampara: tenho a esperança de que, dentro de cinquenta anos, *A Cidade das Flores* já não seja lida. Significará isto que os problemas deste romance passaram à história e que os homens deram mais um passo no caminho da justiça social.

Referindo-se com manifesta simpatia a este romance, situava-o João Gaspar Simões fora do âmbito do neo-realismo. Como, porém, alguns outros autores o consideraram neo-realista, vale talvez a pena dizer o que penso. Com a perfeita consciência, note-se, de que os autores quase nunca sabem classificar-se. Mas com a consciência também do que pensava Courbet: «*Le titre de réaliste na été imposé comme on a imosé aux hommes de 1830 le titre de romantiques. Les titres, en aucun temps, n'ont donné une idée juste des choses; s'il en était autrement les oeuvres seraint suerflues.*»

E em primeiro lugar: é evidente que existem muitas diferenças entre *A Cidade das Flores* e os *Esteiros* ou a *Fanga*. Diferenças de qualidade, naturalmente — estes dois últimos livros são, ainda hoje, tantos anos passados, duas obras ricas de humanidade, dois dos mais belos romances portugueses. Mas não é disso que se trata aqui. O que pretendo salientar é o seguinte: se *A Cidade das Flores* visse a luz do dia nos anos 40, teria sido considerada neo-realista? Não — e este ponto parece-me ter alguma importância. *A Cidade das Flores* talvez fosse então atacada por alguns (e até com muita razão) como exemplo dum burguesismo decadente, etc. Porque o neo-realismo proposto e praticado nos tempos heróicos é uma realidade; o modo como ele veio a desenvolver-se (ou como veio a ser encarado, talvez com imprudência, por quase toda a crítica e até pelos leitores) é outra. Um movimento vive no tempo, tem de adaptar-se às contingências, sofre uma evolução que não é fatalmente progressiva ou regressiva, mas que é mudança, transformação. E hoje são considerados neo-realistas, se não de direito, pelo menos de facto, quantos, analisando melhor ou pior a realidade portuguesa neste ou naquele aspecto, se irmanam numa crença comum (o socialismo) acerca da evolução histórica. E assim, como não são dogmáticos e como prezam a liberdade artística, exprimem-se de maneiras diversas. Mas estão todos de acordo (nas grandes linhas gerais) acerca dos males de que padecem as sociedades e dos métodos para as libertar da miséria, da tirania, da existência desprovida de oportunidades, para as conduzir à cultura e ao espírito. Isto pode ver-se em todos os livros da «escola»

— até nos mais despretensiosos e menos conseguidos. E assim, se por acaso Balzac vivesse hoje e analisasse a sociedade actual com o mesmo vigor demonstrado ao descrever a sua época nós poderíamos apelidá-lo de realista, mas não de neo-realista. É evidente que ainda hoje, como sempre, podem escrever-se obras-primas que não sejam neo-realistas, podem até escrever-se obras-primas reaccionárias. Neo-realista não é atribuição de valor, evidentemente; limita-se a designar uma certa maneira de encarar o mundo. Maneira ampla que admite livros tão diferentes como *Uma Abelha na Chuva*, *O Fogo e as Cinzas*, *O Dia Cinzento*, *A Barca dos Sete Lemes*, *Retalhos da Vida de um Médico*, *Mudança*, *O Signo da Ira*, etc., etc. E o mais belo de todos: *O Mundo dos Outros*.

E *A Cidade das Flores*. Assim o espero.

Disse eu: Se *A Cidade das Flores* visse a luz do dia nos anos 40. Mas teria sido possível? Escrita por mim, não creio. Porque então aquilo que eu escrevia — para a gaveta — tinha a marca da *Presença*, a marca do Gide. Porque o neo-realismo me desagradava, e se eu tivesse então um jornal à minha disposição teria escrito, quem sabe?, manifestos contra ele. Ou talvez não me atrevesse: qualquer coisa me impunha respeito (mesmo quando não gostava dos livros e do tom agressivo de certos doutrinadores). Fascinava-me nele a recusa, a desconfiança que manifestava perante a literatura confessional, o seu horror ao «eu» (esse eu que, por outro lado, era o cerne da literatura que por essa época me seduzia).

Horror ao «eu». Ninguém pensará em negar a grandeza de tantas obras genialmente confessionais, claro está. Mas esses livros — sobretudo quando são menores e a verdade é que a maior parte dos livros são menores — revelam demasiadamente que o autor se serve deles como de um instrumento de sobrevivência pessoal, como um meio de achar o equilíbrio — à custa do equilíbrio alheio se necessário for. O que me desagrada neles é o seu carácter pouco social.

Por outras palavras: sinto-me, como leitor, um mero instrumento nas mãos desses escritores. Eles não escrevem para me libertarem a mim, escrevem para se libertarem a eles, e eu sou apenas uma espécie de confessor, de interlocutor passivo. Sou meio e não fim.

Poderão objectar-me: mas alguma vez o escritor pensa no público de maneira diferente? E se o fizer não se arrisca a escrever obras falsas?

Talvez. Mas o que pretendo explicar é o seguinte: na quase totalidade dos momentos que vivemos o eu não predomina. Quando falo de política, de futebol, de arte, embora seja eu que pense e eu que me exprima, o eu assume aí uma posição de neutralidade. Não me confesso ao falar de Botticelli ou de Hitler (salvo quando afirmo gosto, eu não gosto). Exprimo — ou creio exprimir — sentimentos gerais de que não tenho exclusivo e em que o meu caso pessoal não sobreleva o dos outros. *Guerra e Paz* ou *A Condição Humana* parecem-me assim muito mais do que a confissão de um «eu» à procura de equilíbrio, a expressão de uma comunidade de homens ligados pelas mesmas aspirações.

Neste sentido seja-me permitido afirmar: em verdade, só por injustiça, a injustiça que tantas vezes me leva a dizer que Bartolomeu Dias (esquecendo-me portanto dos seus companheiros) dobrou o Cabo da Boa Esperança, poderá dizer- se que sou o autor de *A Cidade das Flores*. Seria isso exacto se tal romance revelasse um céu em estado puro, isolado completamente do mundo. Mas dois ou três amigos (não dos mais íntimos) disseram-me: «Este livro é nosso.» E procuraram a «chave»: «Fazio é Fulano, Domenico é Beltrano...» Rigorosamente, enganavam-se; Fazio não era Fulano e Domenico não era Beltrano. Mas, num sentido mais lato, acertavam e eram co-autores do romance.

O que distingue o romancista dos homens que não escrevem romances é que os romancistas têm a paciência de passar alguns anos com uma ideia fixa na cabeça: o livro que estão a escrever.

Claro: volvidos esses anos há romances melhores e romances piores, mas isso é outra questão.

Não é o romancista um ser privilegiado que possa ensinar aos homens como devem comportar-se neste estranho mundo onde as ideias mais sabiamente construídas são permanentemente assaltadas pelas ondas sucessivas dos factos. Mas ele pode observar de olhos atentos o mundo, com a perspectiva humaníssima de quem deseja adaptar-se, adaptar-se activamente, criadoramente, e numa cidade de homens adaptados (também activamente, também criadoramente). Assim, quase todos os escritores, quase todos os homens de boa vontade — são homens insatisfeitos, e a actividade artística (como a vulgar, da qual é irmã) é uma tentativa de superar essa insatisfação.

Mas há muitas maneiras de ser descontente. Em certos casos, esse descontentamento do mundo é uma insatisfação radical de quem não vê qualquer saída... Noutros casos, é o descontentamento de quem pensa que o mundo pode ser melhorado. Naturalmente, é bem mais trágica a situação do homem com fé perante um mundo em que a justiça ainda não reina, do que a situação de quem não crê em nada e para quem tudo é comodamente absurdo. Desejaria que *A Cidade das Flores* fosse entendida como um livro de quem acredita no progresso, na justiça, na paz, na possibilidade real de os homens serem todos iguais, embora diferentes. Não obstante as dúvidas de Giovanni Fazio, que, ante a morte provável, chega a acreditar na vitória da barbárie por mil anos. Pessimismo compreensível, decerto. Pessimismo que parecia inteiramente justificado pelos factos. E no entanto...

E, no entanto, nós, cidadãos deste ano da graça de 1961, sabemos que a História, apesar de tudo, não deu razão ao pessimismo de Fazio. Sabemos que o Hitler não dominou o mundo durante mil anos. Sabemos que nenhum Hitler dominará o mundo durante mil anos.

Outubro de 1961

DEZASSEIS ANOS DEPOIS, MAS TAMBÉM VINTE E CINCO ANOS DEPOIS

A acção deste romance situa-se em Florença durante o período fascista. Os nomes dos personagens são italianos, tudo é italiano — e procurei dar a toda a narrativa uma certa coerência italiana, como se os heróis do romance pensassem em italiano, vestissem roupas italianas, citassem naturalmente Petrarca e não Camões ou Goethe. Mas é evidente que, para além de Florença (que mal conheço, que mal conhecia quando escrevi o livro), que para além da Itália fascista (que nunca conheci), *A Cidade das Flores* visa outro alvo: na realidade, quando eu escrevia Florença pensava em Lisboa, quando escrevia Mussolini (que já estava morto e enterrado) pensava em Salazar.

O que eu pretendia era sugerir uma certa imagem de Portugal, o Portugal fascista dos anos 50, e não a Itália dos anos 30. Em *A Cidade das Flores*, jovens pequeno- burgueses lisboetas, mais ou menos intelectualizados, vivem e discutem (discutem mais do que vivem) alguns problemas que então se colocavam em Portugal. Mas é evidente que hoje os problemas são outros, o romance perdeu completamente a actualidade.

Em resumo: o mundo deu entretanto muitas voltas, a juventude que no romance se descreve tornou-se adulta, a juventude que hoje existe já nada tem que ver com a juventude do romance. E a única coisa que talvez tivesse interesse para os leitores de 1975 seria esta: em que se terão transformado os jovens de *A Cidade das Flores*? Quem são eles hoje, a roçar aí pelos quarenta anos? Como respondem à sociedade portuguesa posterior ao 25 de Abril? Que partidos escolheram? Nenhum?

Independentemente disto (que fica sem resposta pois a continuação d'*A Cidade das Flores* não foi escrita), o romance só poderá conservar um interesse de natureza histórica, o que é manifestamente pouco.

Mas, dizia eu, onde se lê Florença deverá ler-se Lisboa-Florença foi um álibi para enganar a censura salazarista. Somente: como, na realidade, ninguém pensou (nem mesmo a censura salazarista) que *A Cidade das Flores* se referia à Itália de muitos anos atrás, sempre me perguntei: porquê a necessidade de um álibi que a ninguém engana?

No fundo, as autoridades fascistas consentiam que algumas verdades fossem ditas se quem as dissesse tivesse o cuidado de fingir que as não dizia. Assim, um regime hipócrita, mais preocupado com as aparências do que com a realidade, consentia também a hipocrisia alheia.

Acrescentarei agora que, por um momento, estive tentado, nesta edição posterior ao 25 de Abril, a verter para português *A Cidade das Flores*, de modo a devolver-lhe todo o seu pretendido alcance, de modo a clarificá-lo — situando, pois, a acção em Lisboa. Traduzindo Rosabianca por Rosa Branca, Giovanni por João, Santa Maria Novella por... Por... Digamos: por S. Vicente de Fora ou por Jerónimos. Etc.

De súbito, percebi que tal tradução era impossível, o romance perderia a quase totalidade do seu encanto se tal fizesse. Ligado a uma época historicamente bem determinada, o livro só poderia conservar o seu significado (a sua coerência) se continuasse preso ao artifício inicial, porque esse artifício fazia já parte dele, era indissociável dele, tornara-se também matéria romanesca, involuntário motivo de riqueza, elemento imprescindível do jogo que representa para o leitor a leitura.

1975

Fim